地球のカタチ
katachi

食べてはいけない!

森枝卓士
Takashi Morieda

白水社

食べてはいけない！

ヒンドゥー教徒のインド系の人々。
イスラム教徒のマレー人。
そして、仏教徒の中国系の人々。
そんな人々が混《ま》じり合うシンガポールやマレーシアの市場。屋台《やたい》。
そこには、さまざまな「食べたい」と「食べてはいけない」もまた混じり合う。
さて、「食べてはいけない」とは何だろう？

豚の脚《あし》で作る生ハムとワインが売り物のスペインのバル（居酒屋）。スペインの歴史を見ていくと、「酒を飲んではいけない」「豚を食べてはいけない」のイスラムとの対立がある。

そこで、生ハムを食べ、ワインを飲むことは、イスラムではない、キリスト教徒であるというアピールのようでもある。

「食べてもよい」「食べてはいけない」は人の立場、宗教、生き方などと結びついている。

地球のカタチ
katachi

食べてはいけない！ contents

カラスミや鶏肉の「モドキ」が並ぶ、台湾の精進《しょうじん》料理（素食）。肉を「食べてはいけない」といっても、それに固執《こしつ》するのが中国人のメンタリティか。

対して、インドのヴェジタリアンの料理には、「モドキ」といった発想はまったくない。

そこにはどのような違いがあるのか？

「食べてはいけない」のどこが違うのか？

モンゴルの大平原《だいへいげん》。人々は
羊を殺して、料理する。
イランの高原《こうげん》でも、中東で
も、人々は同じように羊を
殺して、料理する。
「食べてもよい」ものは同じ。
でも、お互《たが》いの羊は「食べ
てはいけない」。
なぜなのか、何が違うのか。

装丁・本文デザイン　妹尾浩也（*iwor*）

人は雑食のはずだけど……。

ヒト、つまり、ホモサピエンスであるかぎり、他の人が食べられるものは、食べているものは、食べられないはずがない。生理学的《せいりがくてき》には。

しかし、実際には、そんなものは食べられない……。

食べてはいけない……。

食べない……。

そう思うもの、思われるものがある。

それはなぜなのか。

どうして、食べて良いもの、食べてはいけないものが、人により、あるいは地域や宗教《しゅうきょう》などによって、異なるのだろう。

どうして、「食べてはいけない！」「食べない！」があるのだろう。

それは一九八〇年代のはじめころだった。私はタイに住んで、駆《か》け出《だ》しの写真家兼《けん》物書きをしていた。ようやく「自称《じしょう》」というのが取れるか、取れないかのころだった。

とある雑誌の取材《しゅざい》で、マレーシアに出かけた。首都《しゅと》クアラルンプルの郊外《こうがい》にある日系《にっけい》企業《きぎょう》の工場。話を聞き、写真を撮《と》っているとお昼になった。

「せっかくだから、社員食堂で食べてみますか？」

案内《あんない》してくれていた日本人社長が、誘《さそ》ってくれた。あなたにも興味深《きょうみぶか》いはずだからと。

言葉に甘えると、カフェテリア式になっていて、メニューも豊富《ほうふ》で楽しい。この国の民族構成《みんぞくこうせい》そのままに、マレー系の料理が中心ながら、中華《ちゅうか》の炒《いた》め物《もの》やスープも、カレーのようなインド料理もある。

「うん？」

それにしても、そこにあるのは、魚と鶏肉《とりにく》から作られているものばかりだ。どうして、他の肉はないのだろう？

マレー人はほとんどイスラム教徒《きょうと》。そして、イスラム教徒は豚肉を穢《けが》れたものとして食べない。そのくらいのことは、知っていた。日本でも常識《じょうしき》のはずだ。後《あと》で本当はそれほど、単純ではなく、もっとややこしい話だと知ったのだけど。

インド人で多数派《たすうは》のヒンドゥー教徒にとっても、豚は穢《けが》れた存在である。くわえて、牛が聖《せい》なる生き物とみなされるということも、まあ、周知《しゅうち》の話だろう。

そして、中国人。

「空を飛ぶもので食べないのは飛行機だけ。海の中にいるもので食べないのは潜水艦《せんすいかん》だけ」

ひどい話になると、二本足で食べないのはお父さんとお母さんだけ、なんていう一節《いっせつ》も聞いたことがあるが、とりあえず、中国人とひとまとめにしてはいけない。

かような豪快《ごうかい》な胃袋《いぶくろ》の持ち主は、広東人《カントンじん》である(と、他の地域の中国人も言う)。それとて、飛行機と潜水艦の話は認《みと》めつつも、二本足で……というのは聞いたことがないと、その後、訪《おとず》れた際に聞いた現地のガイドの弁《べん》。

中国人といっても、地域によっては魚を見たことがない、よって、食べるものだとは思えないというか、存在を知らないというか、なんていう話も特に田舎《いなか》ではある。

また、熱心《ねつしん》な仏教徒《ぶっきょうと》は精進《しょうじん》、つまり肉食をしない食生活であったり、ふだんは豚までは食べても、牛となると、農耕《のうこう》で働いてくれるものを食べることには抵抗《ていこう》がある、という層《そう》だっている。

まあ、このあたりの詳細《しょうさい》はまた追って触れることになるだろう。とにもかくにも、マレー系、インド系、そして中国系などからなる多民族国家《たみんぞくこっか》であるマレーシアで、皆が共通して食べられるものというと、鶏と魚になるということだったのだ。蛇足《だそく》を言えば、これにくわえて羊も「食べてはいけない」と相《あい》なる可能性《かのうせい》が非常《ひじょう》に低い肉である。

それにしても、日本人の感覚では、自分が食べないのはともかく、人の食べものにまで干渉《かんしょう》することはないだろうと思いがちだ。そのカフェテリアだって、豚も牛も出して、ただ、自分は食べないっていう選択肢《し》はありえないのか。

実際、マレーシアでも市場の近くにある屋台街《やたいがい》など、中国人の屋台では豚肉のチャーシューが入った麺《めん》を売っているし、その横のインド人は羊と鶏だけ、マレー料理屋台では豚はない。そのような形で共存《きょうそん》している。

ところがその食堂では、同じテーブルで豚を食べているのは耐《た》えられない（屋台街だと、自分たちが頼《たの》まないかぎり、同じテーブルに豚がのぼることはない）ということで、マレー系から抵抗があったのだという。それより何より、屋台の場合は調理場《ちょうりば》、調理用具も別々であるが、食堂ではそうもいかない。

かくして、日系企業《にっけいきぎょう》のカフェテリアでも、かようなメニューを採用せざるをえないと言うことに相なったというわけなのである。

その後、私は食にまつわるあれこれを仕事のテーマとするようになるのだが、そうなる前のことだから、特別に印象《いんしょう》に残っている。ヒトが食べるということは、いかにややこしいことかと思い知らされたのだ。

それから世界じゅうを食べたり、飲んだりするために歩いてきた。旅していたら、どっちにしても、土地の物を食べたり、飲んだりすることになるけれど、それ以上に、食べたり飲んだりすることを目的として、世界を旅してきたということだ。それについて、新聞、雑誌に寄稿《きこう》したり、本を書いたりしてきたということだ。

そのマレーシアの話のような駆《か》け出《だ》しのころは、いわゆるニュースねたを取材して写真を撮《と》ったり、書いたりしていた。しかし、徐々《じょじょ》に、その土地の人々が何を食べているというような、基本的なことから知らないと、本当のところは分からないのではないかと考えるようになった。そして、食文化《しょくぶんか》を学ぶようになった。それにまつわることを調べ、書くようになった。

マレーシアの工場で感じた不思議《ふしぎ》（というか……特殊《とくしゅ》な感情というか）、それが増幅《ぞうふく》していったのだった。

まったく、人間というのは、なんとややこしい生き物なのだろう。

生物学的に同じ種《しゅ》である、人間（ホモ・サピエンス）は食べられるものも同じではないか。細《こま》かくいうと、アルコール分解酵素《ぶんかいこうそ》をアジア系の一部の人々は持っていないために、酒をあまり飲めないとか、牛乳を消化《しょうか》できるかできないかは持っている酵素によるといったことはある。日本人などアジア系の人々の腸《ちょう》の方が、ヨーロッパ系の人々のそれより長いために、野菜など繊維質《せんいしつ》の食品は消化《しょうか》しやすいということもあるようだ。

しかし、日本人が食べられるものは、インド人だって、フランス人だって、ニューギニア人だって食べられる。逆もしかりである。理論的にはというか、生物学的には受け入れ可能である。

しかし、今ならほとんどの日本人が大好きな牛肉を、インド人は食べ物とみなさない。少し昔ならば、意味合いは違うが、日本人だって牛肉を同じように食べ物とみなさなかっただけでなく、インド人にはなくてはならぬ乳製品《にゅうせいひん》など、日本人には食べるものではなかった。存在さえ知らなかったが、知っていても、さて、美味《おい》しいと食べられたか。動物の乳《ちち》を飲む？　と気味《きみ》の悪いものだったろう。

そうそう。インド人にはジャイナ教徒《きょうと》や一部のヒンドゥー教徒など、菜食主義者《さいしょくしゅぎしゃ》も少なくない。彼らにとっては、刺身《さしみ》も寿司《すし》も焼き鳥も問題外である。フランス人の嗜好《しこう》について、『ビルマの竪琴《たてごと》』で知られる竹山道雄《たけやまみちお》のエッセイを印象的に覚えている。彼がフランスで家庭に招《まね》かれ、登場した料理がウサギ。ご丁寧《ていねい》に頭まで付いているもの。

その日に睨《にら》まれているようで、

「申《もう》し訳《わけ》ない、食べられない」

私たち日本人が食べられるのは、せいぜいスズメのような小さい鳥くらいで……。それだったら串刺《くしざ》しにして、焼いて食べますが（最近はあまり見なくなったが、私が学生のころまでは、確かにスズメの丸焼きも居酒屋《いざかや》メニューであった）。

そういうと、その場《ば》にいたフランス人たちは、

「信じられない。かわいい小鳥を食べるなんて……」

私の知っているフランス人、あるいはフレンチのレストランの世界では、ツグミのような小鳥など、立派《りっぱ》なご馳走《ちそう》だけど、まあ、そのような感覚がフランスにもあったということだろうか。竹山氏がそのように受け取ったということか。

話を戻すと、パプアニューギニアで主食《しゅしょく》とされる、サゴヤシのデンプン、タロイモ、ヤ

ムイモなど私たち日本人も食べられないことはない。ただ、塩気《しおけ》がほとんどないので、美味《おい》しいとは思われないだろうが。

第二次世界大戦中、アメリカ軍の捕虜《ほりよ》に「木の根っこを食べさせた」と、戦後になって死刑《しけい》になったBC級戦犯《せんぱん》がいた（と聞いたことがある）。ゴボウを食べさせたために。人間の尊厳《そんげん》を犯《おか》すようなひどいことをしたとみなされたのだ。

死刑とまでは言わぬまでも、サゴヤシのデンプンなど食べさせたら、多くの日本人は「なんだ、これ」と怒《おこ》るかもしれない。糊《のり》のような感じ、あるいは味のないウイロウのようなものだから。奄美《あまみ》あたりでは、飢饉《ききん》のとき、救荒食《きゆうこうしよく》としてシュロのデンプンを食べていたようだが、それに近いものである。ワニやウミガメなどモノによっては気持ち悪いと思われるかどうか。

逆に、彼らにとっては日本の米《こめ》はおそらく違和感《いわかん》はないはずだ。この国も人々も、それから近隣《きんりん》のヤムイモ、タロイモを主食《しゆしよく》にしていた民族が米食に変わりつつある。米の旨《うま》さにはある種《しゆ》の普遍性《ふへんせい》があるようにも感じている。ただし、発酵食品《はつこうしよくひん》やら塩気《しおけ》の強い漬《つ》け物には拒否感《きよひかん》を示すかもしれない。腐《くさ》っているものを食べさせるのかとか、人間が食べるものではないとかいって。

さて。

こうやって例をあげていくときりがない。

とりあえず、同じ人間という生き物であれば、食べられるはずのものを、

「食べられない」

「食べてはいけない」

そう思うことが多々ある、ということだけは了解《りようかい》していただけるだろう。

どうやら見ていると、宗教《しゆうきよう》が大きい原因《げんいん》のようでもある。しかし、宗教だって人が作り出した文化である。宗教が規定《きてい》しているということは、そのようにしたいと土地の人々が思うなり、あるいは認《みと》めているということである。宗教以外にも、規定するものがあれこれあるようだ。

小さいところから見ていくと、個人の好き嫌《きら》いに発《はつ》する「食べられない」だってある。

私が好きでたまらないフナズシ（＝ナレズシ。琵琶湖《びわこ》のニゴロブナを塩漬《づ》けにした後、飯も漬け込み、発酵《はつこう》させたもの）もクサヤ（ムロアジを開き、はらわたを塩で発酵させておいた汁につけ、干物《ひもの》にした伊豆《いず》の名物）も、家族には「?・」である。どうして、そんな

臭《くさ》いものを好《この》んで食べるのか、分からないと（平均的日本人と比《くら》べると、かなり偏見《へんけん》もなく食いしん坊《ぼう》である妻《つま》や息子《むすこ》に）言われる。クサヤみたいな臭《くさ》いものを、家のキッチンで焼いたりしないでほしいと言われる。食べものと認識《にんしき》してもらえないのだ。

あるいはわが家《や》では皆が好きな、香菜《こうさい》や羊を嫌いな家もふつうにあるはずだ。札幌《さっぽろ》にいる妻の両親《りょうしん》にとって、羊はジンギスカンでお馴染《なじ》みのものでもあるし、香菜だってふつうに食べる。しかし、わが実家《じっか》で、羊の肉を買うことなど、ありえなそうだ。香菜は、そもそも、実家のある九州の田舎町《いなかまち》、水俣《みなまた》では売っていないだろう。羊の肉はどうか。これも、たぶん、ほとんどないだろう。

そう考えていけば、個人、家、ご近所《きんじょ》といった違いの、さらにその延長線上《えんちょうせんじょう》では地域による嗜好《しこう》の違い、国による……というようなものにも至《いた》るはずだ。

とりあえず、思いつく視点《してん》からだけ、「食べられる」「食べられない」について書いているが、考えていけばもっともっと多様《たよう》な視点もあるはずだ。

それは人間が単純に生存《せいぞん》のため、あるいは成長させるためだけに食べているのではないということである。人間が食べるということは、「それは食べない」という選択《せんたく》を含《ふく》めて、文化的行為《こうい》なのだ。

ヒトはなぜ、それを食べないのか？　本当だったら、食べられるのに。
そのようなことから、「食べる」という行為を、文化を考えてみたい。
食べるとはどういうことか、そこから考えてみたい。
食べられるはずなのに、食べないとはどういうことか。
「食べてはいけない！」とは何なのか。

1 豚のカレーと遊牧民の羊

豚はなぜ嫌《きら》われる？

インドにポークカレーはあるか？

「ない」

そう答えた人はインドに詳《くわ》しい。

「ある」

そう答えた人はもっとインドに詳しい。


インドで多《た》数派《すうは》のヒンドゥー教徒《きょうと》、そしてやはり少なからぬ数《かず》がいるイスラム教徒などの間《あいだ》では、豚は不浄《ふじょう》の生き物とみなされる。食べることは当然、タブーである。食べてはいけない。やはり、少なからぬ数がいるジャイナ教徒など、それ以前に肉食全般《にくしょくぜんぱん》がタブーである。だから、一般的《いっぱんてき》には、ポークカレーなど、問題外。インドにはありえないと答えて、間違《まちが》いではない。ほぼ。

しかし、インドは広い。

南インドのゴアのあたりなど、キリスト教徒が多数派の地域もある。「インドがイギリスの植民地《しょくみんち》であった」というのは間違いではないが、実はこれも場所によるのだ。時期によっては東《ひがし》インド会社《がいしゃ》を介《かい》しての統治《とうち》もあるし、場所による支配の仕方の違いもある。そして、なかにはこのゴアのあたりのように、イギリスとは関係なく、ポルトガルの植民地であり続けたところもあるということだ（一九六一年にインドが武力行使《ぶりょくこうし》をして、奪還《だっかん》している）。

概《がい》してであるが、イギリスのようなプロテスタントの国は異教徒《いきょうと》を改宗《かいしゅう》させることにはさほど熱心《ねっしん》ではなかった。知ったことではないと思ったか。

対《たい》して、カトリックの国は改宗させることに情熱を燃やしている。ゴアはそのカトリックの影響《えいきょう》が強かった土地なのである。日本にキリスト教を伝えた、あのフランシスコ・ザビエルの遺体《いたい》も、この地の教会に安置《あんち》されている。今でもキリスト教徒が多い土地なのである（そういえば、徳川幕府《とくがわばくふ》がカトリックの国であるポルトガル、スペインと縁《えん》を切り、オランダというプロテスタントの国と交易《こうえき》をするようになったのも、偶然《ぐうぜん》ではない。布教《ふきょう》したがるかどうかということと、関係がある)。

ともあれ、ゴアの話。キリスト教徒であるから、当然、豚肉のタブーはない。他の地方ではお目にかかれないが、この地では市場《いちば》でふつうに豚肉が売られている。

そんなわけだから、レストランでも、マトンやチキンと並んで、ポークカレーというメニューも存在《そんざい》する。ただし、酢《す》を利《き》かせる調理法が一般的だった。寄生虫《きせいちゅう》の心配があるからと説明されたが、酸味《さんみ》のあるカレーばかりだった。これが、あまりバランスが良いとはいいがたく、正直《しょうじき》にいうと、こればかりは日本で食べるポークカレーの方が「本場《ほんば》」より上だと思ったものだ。

それにしても、美味《おい》しいも美味しくないもない。インドでポークカレーという、その存在だけでも驚いたという話である。だから、存在することを知っていたら、それだけで「もっと詳《くわ》しい」という所以《ゆえん》である。

あまり美味しくはないポークカレーのことを書きながら、あまりの美味しさに驚いた豚肉があったことを思い出した。

スペインを旅していて味わったハモン・イベリコである。

スペインには塩漬《しおづ》けして乾燥《かんそう》させた、いわゆる生《なま》ハムが二種類存在する。

一つはハモン・セラーノ。特に豚の種類などが特定されないもの。一般には白豚で作られる。

もう一方がハモン・イベリコで、野《の》に放《はな》ち、ドングリの実《み》を食べさせた、イベリコ種《しゅ》という黒豚だけで作られ、ワイン同様、「原産地呼称《げんさんちこしょう》」（原産地呼称とは、決められた土地で決められた品種、決められた作り方をしたもの以外は、ボージョレーならボージョレーワイン、パルメジャーノならパルメジャーノチーズと呼べない「決まり」である）が付いているほどのものだ。

それだけ、生産者も消費者も厳《きび》しい約束事《やくそくごと》で守られているものだということである（そういえば、最近、このイベリコ豚のハムならぬ料理によく日本でもお目にかかるけど、さて、どれだけ本物なのかしら？　現地を訪《たず》ねた時には本物はほぼ加工品にするので、料理として食べさせてもらったときには例外だといわれたのだけど）。

とにかく、このイベリコというハム（ハモン）、これがみごとな霜降《しもふ》りで、口に含《ふく》むととろけてしまう。松阪牛の黒豚とでもいうべきものである。食べながら、食べている私も一緒に溶《と》けてしまいそうになる絶品《ぜっぴん》の美味《びみ》である。

やはり、松阪牛ばりの貴重品《きちょうひん》で、誰もが気安《きやす》く食べているというものではないが、生ハム全体の消費量では、スペインはイタリアを軽く抜いて、世界一なのだという。

一人あたり、イタリアで年間、二キロ半程《ほど》であるのに対して、スペイン人は四キロも食べている。フグの薄作《うすづく》りのように、薄く削《けず》って食べるものだから、大きな皿に盛《も》り付けても百グラム程度にしかならないものが、とんでもない量、せっせと食べられているということである。それだけ愛されているということなのだが、その歴史をたどると、興味深い事実があった。


スペインにはイスラムに支配されていた時代がある。アルハンブラ宮殿《きゅうでん》などを持ち出すまでもなく、イスラム建築に出会うことも珍《めずら》しくない。

それに対するレコンキスタ、つまりキリスト教徒の復興運動《ふっこううんどう》など、世界史の授業で習《なら》った覚えがある（でしょう？）。豚肉をタブーとするイスラム教徒に対する戦《たたか》いのなかで、豚肉のハムを食べるということは、一種の踏《ふ》み絵《え》（！）であり、キリスト教徒であることのシンボル、あるいはアイデンティティの発露《はつろ》でもあったらしいのだ。偏愛《へんあい》の底にはそういった側面もあったのではないか。

まるで飾《かざ》り物のように豚の脚《あし》のハムが、ずらりと店内にぶら下げられたバル（居酒屋《いざかや》兼《けん》喫茶《きっさ》店《てん》）でそのハムをつまみつつ、相性《あいしょう》の良いシェリー酒など飲んで、そんなことを考えた。そういえば、酒もまたイスラム教徒のタブーであり、キリスト教徒的アイデンティティの発露《はつろ》となりえるか。ハムをつまみ、ワインを飲むことが、「自分はキリスト教徒だ」と自己《じこ》主張《しゅちょう》するようなものではないかということである。


食《しょく》のタブーというと、肉食に関《かか》わるものが最《もっと》も顕著《けんちょ》だが、なかでも最も目立つのが豚肉についてのものであることは間違いない。前述《ぜんじゅつ》のジャイナ教徒であったり、かつての日本の仏教徒《ぶっきょうと》のように、宗教との関連で、獣《けもの》の肉を食すること全体がタブーであったような事例はともかく、肉食はしているのに、とある動物の肉だけがタブーであるという場合、もっとも目立つのが豚だということである。

特に、それはここまで述べた話でも明快なように、イスラムとヒンドゥーに顕著である。

それはなぜなのか。

これまで文化《ぶんか》人類学者《じんるいがくしゃ》の間で、この食のタブーについては長く議論がなされている。生

スペイン、マドリードの市場にて。

物学的に同じ人間なのだから、他の集団が食べているものを食べられないわけがない。それを食べないということは、まさに文化の問題である。文化人類学にとっては大きなテーマ、問題だったということなのだ。

その議論の中で代表的なものが、イギリスの人類学者、メアリー・ダグラスの説《せつ》。『汚穢《おわい》と禁忌《きんき》』という本で述《の》べられているものである。

食のタブーの話の代表のように論じられる、旧約聖書《きゅうやくせいしょ》の「レビ記《き》」や「申命記《しんめいき》」の食のタブーについて、論考をくわえている。

まず、どのようなタブーか、オリジナルから引いておこう。旧約聖書の「申命記」、十四章である。

すべていとうべきものは食べてはならない。
食べてよい動物は次のとおりである。牛、羊、山羊《やぎ》、雄鹿《おじか》、かもしか、子鹿《こじか》、野山羊《のやぎ》、羚羊《れいよう》、大かもしか、ガゼル。
その他ひづめが分《わ》かれ、完全に二つに割れており、しかも反《はん》すうする動物は食べることができる。

ただし、反すうするだけか、あるいは、ひづめが分かれただけの動物は食べてはならない。らくだ、野兎《のうさぎ》、岩狸《いわだぬき》。これらは反すうするが、ひづめが分かれていないから汚《けが》れたものである。

いのしし。これはひづめが分かれているが、反すうしないから汚れたものである。これらの動物の肉を食べてはならない。死骸《しがい》に触れてはならない。

水中の魚類のうち、ひれ、うろこのあるものはすべて食べてよい。しかしひれやうろこのないものは、一切《いっさい》食べてはならない。それは汚《けが》れたものである。

清《きよ》い鳥はすべて食べてよい。

しかし、次の鳥は食べてはならない。禿鷲《はげわし》、ひげ鷲《わし》、黒禿鷲《はげわし》、赤鳶《とび》、隼《はやぶさ》、鳶《とび》の類《たぐい》、烏《からす》の類《たぐい》、鷲《わし》みみずく、小みみずく、虎《とら》ふずく、鷹《たか》の類《たぐい》、森ふくろう、大このはずく、小きんめふくろう、このはずく、みさご、魚みみずく、こうのとり、青鷺《さぎ》の類《たぐい》、やつがしら鳥、こうもり。

羽のある昆虫《こんちゅう》はすべて汚《けが》れたものであり、食べてはならない。

死んだ動物は一切食べてはならない。町の中にいる寄留者《きりゅうしゃ》に与えて食べさせるか、外国人に売りなさい。あなたは、あなたの神、主《しゅ》の聖なる民《たみ》である。あなたは子山羊《こやぎ》をその母の乳《ちち》で煮《に》てはならない。

というわけで、食のタブーの見本のようなお話なのである。ユダヤ人は大変なのだ。それにしても、「食べて良い」と「食べてはいけない」の間にある法則性のようなものは（あるとしたら、だが）、何なのだろう。そして、「どうして、このようなことがタブーになるのか？」という議論にもなろうというわけである。

メアリー・ダグラスはそれ以前の論をまず否定《ひてい》する。

たとえば、宗教的な克己心《こっきしん》や倫理《りんり》に関《かか》わるものだから、恣意的《しいてき》で不合理《ふごうり》な面もあるのだという戒律《かいりつ》＝恣意説。

うろことひれのある魚は忍耐《にんたい》と自制《じせい》を象徴《しょうちょう》するというような寓意説《ぐういせつ》。

あるいは異教徒に起源《きげん》を持つ習慣を禁止するという規定であるという説。

つまり、それ以前にそういう説があったということなのだが、それを否定して、神という完全性を設定《せってい》して、それからはずれるもの、つまり食べてはいけない動物などを設定することで、食事のたびごとに神の神聖を再確認するというのである。

小難《こむずか》しいようだが、要するに、秩序《ちつじょ》からはずれるものがあるからこそ、秩序であったり、神といった存在も再確認できる、補強されるということである。そのようなもののシンボルとして、「食べてはいけない」というものを、集団は設定するということだ。さて、こう書いて、分かってもらえるか?

豚というものは、ユダヤ教徒やイスラム教徒にとって、あるべき秩序からはずれるものだということである。そのような設定をすることで、食べるべきものという秩序も再確認される、認識されるということである。

この他《ほか》に、少々際物《きわもの》的というか、眉《まゆ》に唾《つば》をつけて読んだ方がいいような話も多いが、明快であることでは随一《ずいいち》なタブーについての理論が、アメリカの人類学者、マーヴィン・ハリスのエネルギー効率論《こうりつろん》とでもいうべきもの。

たとえば、ヨーロッパの多くの国で昆虫《こんちゅう》が食べものとみなされないのは、熱帯アジアなどと比べると昆虫の絶対量が少ないヨーロッパで、昆虫を捕《つか》まえるために費《つい》やすエネルギー(=カロリー)は、それによって得《え》られるカロリーより少ないから、タブーとして食べないということにした方が合理的だから、そうしてきたのだというのである。

住んでいる環境によっては、せっせと捕まえて食べても、お腹《なか》いっぱいになって、満足できるということはあり得ないものなのだから、「そんなものは食べられない」ということにしておいた方が具合《ぐあい》がよろしいではないか、というようなことだ。

「レビ記《き》」や「申命記《しんめいき》」の舞台《ぶたい》、中東《ちゅうとう》でユダヤ教でもイスラム教でも、豚を不浄《ふじょう》のものとして食べることをタブーとしているのも、豚と人間が食べるものが重《かさ》なるからだという。反芻《はんすう》動物である牛や羊は、人間が食べられない草を食べるからいいが、人間と同じものを食べる豚を「食べて良いもの」とすると、たとえば権力者が豚を食べるために飼《か》おうとすると、貧《まず》しい人々の食べものが減《へ》らされてしまい、生きていけなくなる。だから、そうならないようにタブーとしているのだというようなロジックである。

しかし。

場所さえ変われば、そう、たとえばアジアであれば、フィリピンの山の中で豚小屋＝トイレの生活を見たことがあった。人間の排泄物《はいせつぶつ》を食べさせるというわけ。最近ではさすがに減ったが、豚がよく食べられているアジアの島々では、そうしているところが少なくなかった。沖縄《おきなわ》本島に今も残る古い民家《みんか》、中村家だったか、を見に行ったら、同じようにトイレの下が豚小屋だった。

もとより、人糞《じんぷん》だけというわけにはいかないが、それにしても、これらの島々ではたとえばサツマイモを食べ、そのツルを豚のエサにするということも可能だったろうし、実際、そのようにされていた。南太平洋《みなみたいへいよう》からフィリピン、沖縄と続く島々では豚は人間と食べるものが重なるという認識はないし、実際にそうである。

さて、その辺が植生《しょくせい》や環境の問題といえるのか、認識の問題ということになるのか。誰の説かは失念《しつねん》したが、豚は衛生《えいせい》的な面からも、寄生虫《きせいちゅう》を持つことがあるので、生焼《なまや》け状態で食べたりして、病気になったというような経験則《けいけんそく》からタブーとしたというような説もある。

あまりにもややこしい人類学の大テーマに私見《しけん》をいうことなど憚《はばか》られるのだが、あえていえば、ダグラス寄《よ》りながら、ハリスのいうような一面もあるというところだろうか。つまり、とある食べものを忌避《きひ》することは、ある共同体なり宗教なりの成員《せいいん》であることのアイデンティティ、あるいは秩序《ちつじょ》を再確認するための行為《こうい》だと基本的には思う。ただ、そこで、たとえば中東のように乾《かわ》いたところでは、人間が食べられない草でさえ貴重《きちょう》である。それを食料とする羊を「食べてはいけない」とするよりも、人間が食べられるものしか食べない、人間と食べるものが重なる豚を「食べてはいけない」とする方が、合理的ではないか。せっかくの貴重な食料を無駄《むだ》にすることはない。というわけで、豚の方がタブーになる……。

それにしても、豚はヨーロッパ、中国文明では「食べるもの」、イスラム世界、インド文明では「食べてはいけないもの」とされる。食べるものは記号であり、シンボルでもあるということを、もっとも考えさせるものが豚肉ではあるまいかと、改《あらた》めて思う。

そして、宗教がローカルなものから、世界的なものと化《か》していく過程で、そのタブーの意味はどう変わるのか。あるいは意味はあるのか。

さて？

モンゴルとイランの羊

モンゴルに行った。

遊牧民《ゆうぼくみん》のゲル、つまり、移動式住居《いどうしきじゅうきょ》に泊《と》めてもらいながら、その暮《く》らしを見るという旅。砂漠《さばく》のような乾いた土地と、一部には清流が流れていたりもする、より緑ゆたかなウランバートル郊外《こうがい》の草原。そんなところを訪《たず》ねては居候《いそうろう》をしてきた。

馬など乗ったことはなかったけど、すぐ近くのように見えている隣家が、実は四キロから六キロ離れている。歩いて行くなど、手間《てま》なことはできない。連《つ》れもいることだし、一人だけ、そんなことをしていたら、相手にしてもらえない。だから、馬に乗らざるをえない。処女体験《しょじょたいけん》から三日目には、深夜、月明かりだけを頼《たよ》りに馬に揺《ゆ》られていた。一杯飲んでの帰りに（あ、今にして思えば、飲酒運転だ……）。日本国内で乗馬教室みたいなところに行ったら、ありえないことではないかしらん。

そんな乗馬体験やらラクダ体験（これもゴビ砂漠でちょっと乗った）も面白《おもしろ》かったのだけれど、それ以上に強烈《きょうれつ》な印象《いんしょう》を受けたことがある。

羊の解体《かいたい》である。

羊を殺して、肉片《にくへん》にしてしまうまでのプロセス。

ふつうだったら、気味《きみ》が悪いと言われそうなことであるが、それを見て、感動した。あまりにも見事《みごと》な手さばきに。徹底的《てっていてき》に食べ尽《つ》くす術《すべ》に。美しいとさえ思ったのだ。

老人が手にしたナイフは刃渡《はわた》り十センチ、あるかないかの小さいもの。それで、羽交《はが》い締《じ》めにされながらも逃れようとする羊の、お腹《なか》のあたりに十センチほど切れ目を入れた。そして、手をその中に入れる。

羊の腹の中で手は何かをまさぐっているようだ。すると、羊の動きが鈍《にぶ》くなる。動きが止まる。あとは痙攣《けいれん》のような動きだけ。

お腹の中を指先で、大動脈《だいどうみゃく》を探《さが》し、それを切ったのだった。静脈《じょうみゃく》の方も。

「血を大地に流してはいけない」

そういうことなのだそうだ。この件については後で、詳《くわ》しく述べたいと思うが、とにもかくにも、それが流儀《りゅうぎ》なのである。

実際、一滴《いってき》も外には流れず、羊は息絶《いきた》えた。そして、そのうえで肉と皮の間に器用にナイフを入れて開き、皮を剝《は》ぐ。お腹を開いて、内臓《ないぞう》を取り出す。バケツに入れて女性軍に渡す（その後の内臓の処理《しょり》は女性の仕事なのだ。できかけの糞《ふん》を除《のぞ》いたりして洗《あら》い、きれいにして、またその胃袋や腸《ちょう》に血を詰《つ》めたりするのが）。腹腔《ふっこう》に溜《た》まった血を別のバケツに入れ、取り置く……。

実はこの作業と平行して、酒、蒸溜酒《じょうりゅうしゅ》もゲルの中でつくっていた。そのつくり方を教わっていたのだ。

馬乳酒《ばにゅうしゅ》は日本でもその存在を知られているようだが、同じ方法で牛のミルクからもつくることができる。「牛乳酒」もこの国には存在するということだ。正確にいえば、牛のミルクだけでなく、羊や山羊《やぎ》のものも一緒になっちゃっていたりするのだが。区別しないと

指は羊のお腹の中。動脈を探し……。

いうことだが。

ミルクに含《ふく》まれている糖分《とうぶん》をアルコール発酵《はっこう》させる。ヨーグルトと同じような感じだが、この場合は乳酸《にゅうさん》発酵だけではなくて、アルコールの発酵もさせるのである。そうしてつくってあるものを、暖房《だんぼう》を兼《か》ねたコンロの上で蒸溜《じょうりゅう》するのだ。

その話も非常に興味深いものなのだけど、しょうがない。このテーマとは別だから、別のどこかで書こう。とにかく、そっちの状態も見に行かなくてはならず、また、とって返して、屋外《おくがい》でやっている解体作業にも戻ったりという状態だったということだ。酒と「肴《さかな》」が両方、一緒にできていたということだ。

そういうわけなので、正確な時間は失念《しつねん》したけれども、小《こ》一時間ほどで、羊は皮と頭（これは追って別の食べ方をする）、四つの蹄《ひづめ》のあたり、そして、内臓群《ぐん》と大きめに切り分けた肉の山になっていた。

そのあたりのプロセスが、先にも書いたように、刃渡り十センチもないような小さいナイフ一つで、しかも、押さえつけたりするときだけ、少しだけ手助けがあったものの、基本的には「隠居《いんきょ》の身で暇《ひま》だからやってやるよ」という老人一人の手で、それがさも簡単なことのように、そう、まるで築地《つきじ》あたりの魚屋がカツオくらいをさばいてみせるように、あれよあれよという間に、見事《みごと》な手さばきで、大きな羊一頭を肉にしてしまったものだから、感嘆《かんたん》したのだった。

もとより、我々《われわれ》の食欲を満たすために、羊が一頭、目の前で殺されたことに思うところはある。今でこそ、かようなシーンも当たり前になってしまったけれど、小学生のころ、近所のオジサンがその家で飼っていた鶏《にわとり》をさばくところを見ていて、以来、一年ほど鶏が食べられなくなった……というようなナイーブな過去《かこ》も持っている、ある意味、ふつうの日本人なのだ。かようなシーンを目《ま》の当たりにして、ショックでないわけがない。情的に感じるところもある。

しかし、それ以上に、思うのは、実はいつも私たちのために行《おこ》なわれていることなのに、目の前でなく、屠場《とじょう》という隠れた場所でなされていることであるために、実感がないというだけのことではないかという思いだ。

「可哀想《かわいそう》」というなら、ハンバーガーやフライドチキン、あるいはレストランでジビエ(家畜《かちく》ではなく、狩《か》りをしてつかまえたシカ、カモなど動物の肉)を食べる時にも、スーパーの棚《たな》からハム、ソーセージ、ベーコンなんぞを選ぶ時にも、すべからく涙を流すべきである。我《われ》らが食の楽しみのために、空腹をしのぐために命を落としてくれた生き物たちのために。でなければ、肉食を止めるべきである。

とりあえず、我々が生きているということは、いかに罪深いというか、多くの犠牲《ぎせい》の上に成り立っているのかは自覚するべきである。その自覚の上に食べねばならぬのだ。目《ま》の当たりにする機会がないというのなら、それがどういうものであるかについて、想像力をちゃんと持つべきである。持ってほしいと思う。


閑話休題《かんわきゆうだい》。


羊という生き物が、肉、つまり食品と化《か》していくプロセスを見ながら、そういえば、昨年は違うところで同じことを見たと思い出した。牧場《ぼくじよう》を営《いとな》み、チーズを作っている友人と、牧民《ぼくみん》の暮《く》らし、珍《めずら》しい乳製品《にゆうせいひん》作りなど見て回る旅をしているのだが、その際《さい》のことである。

イランでも北部のタブリーズ。カスピ海やアゼルバイジャン、イラクにもほど近い、交通の要衝《ようしよう》である。シルクロードの中継地《ちゆうけいち》、交易《こうえき》の地として栄《さか》えたところだ。

砂漠《さばく》とまではいかないものの、雑草《ざつそう》が少し生《は》えているだけといった乾燥地帯《かんそうちたい》である。そこから一時間ほど丘陵《きゆうりよう》地帯に入った高原《こうげん》はイラクと五十キロくらいのところだったか。少し間違えると米軍《べいぐん》の爆撃でもくらいそうな、物騒《ぶつそう》な場所で、その地の遊牧民《ゆうぼくみん》を訪《たず》ねたのだった。

出会ったのはトルコ系の民族であったが、羊を大量に飼《か》い、そのミルクを搾《しぼ》ってチーズなど作ったり、あるいは毛を刈《か》ったりで生計《せいけい》を立てている人々である。季節によって、餌《えさ》となる草の豊富なところに移動しているのも、モンゴルの遊牧民と同じだ。

客人《きゃくじん》を迎《むか》えたら、羊の一頭も殺して、というのも同じ。違うのは酒がないことくらい。歴史の皮肉《ひにく》で、蒸溜酒《じょうりゅうしゅ》のつくり方は東アジアも中東方面から伝えられたものをベースにしているのに、「御本家《ごほんけ》」の方はアルコールの純度を高める技術としては発達させても、飲み物としてのそれではなかった。私のような酒飲みには残念な話だが、いや、また脱線《だっせん》したようだ。

そのイランの高原《こうげん》でも、羊が肉となる過程《かてい》を見たのだが、その作法《さほう》にはかなりの違いがあった。

殺すために、首の頸動脈《けいどうみゃく》にナイフを入れる。羊を押さえつけ、頸動脈を切るのだ。テントの近くの屋外でやっているのだが、血は地面に流れる。そのことは気にしない。

頸動脈を切り、そのまま深くナイフを入れ、頭を切り取ってしまう。後ろ脚《あし》の蹄《ひづめ》の脇あたりに注射針《ちゅうしゃばり》を三回りほど大きくしたような道具を刺《さ》す。そこから空気を吹き込む。風船を膨《ふく》らますようにして、皮と肉の間に隙間《すきま》を作る。そうしたうえで、その間にナイフを入れていくと、きれいに分かれる。皮と肉とになってしまう。

その途中《とちゅう》で、棒《ぼう》を三本組み合わせた、大きな三脚《さんきゃく》のようなところに一頭まるのまま、ぶら下《さ》げる。アンコウの吊《つる》し切《ぎ》りのような感じだ。そのような状態で、皮を完璧《かんぺき》に剝《は》ぎ、内臓を抜き、肉にしていく。血については明快な記憶はないのだけど、そのプロセスを撮《と》っていた写真を見返しても、特に血だけを取り溜《た》めているような様子《ようす》はない。レバーなど、内臓は焼いたりして食べた覚えがあるが、大地に流すもので、食するものではないらしい。

こちらでも、見事《みごと》なナイフさばきというか、処理《しょり》の手際《てぎわ》の良さに感心したが、それにしても、改《あらた》めて見直すと、同じように羊をさばくといっても、何という違いだろうと思う。「食べてもいい」にしても、何という文化の違いかと。

羊は「食べてはいけない」からもっとも遠い動物である。前に触れた豚の対極《たいきょく》にある。かつての日本のように、あるいはインドなどのヴェジタリアンのように動物を食べることと自体をタブーとするものでなければ、羊が鶏と並んでもっともタブーになっていない肉であると思われる。

頸動脈《けいどうみやく》を切られ、血を地面に流したイランの羊。

それにしても、同じような遊牧民の暮《く》らしの中での羊を見るだけで、その処理の仕方から違うということである。

イランのイスラム教徒の遊牧民が、血を大地に流すのは、そのようにすべきものだからである。前にも触れた旧約聖書《きゅうやくせいしょ》の「レビ記《き》」に血は食用に供《きょう》してはならないといった記述がある。

イスラエルの肉はうまくないというのが定説だが、それというのも、このレビ記の教えを丁寧《ていねい》に厳密《げんみつ》に守って、塩水で肉を洗って血を流し……とやれば（あるいは、そこまで厳格にしなくても、極力《きょくりょく》、血を感じさせないように料理したら）、パサパサで旨《うま》みもなにもあったものではない肉になってしまうというわけ。ユダヤ教の性《さが》のようなものだ。

そこまでは厳密ではなかったようだが、私が出会ったイランの遊牧民も血は一応、抜いたものを料理していた。

念のために書いておくが、旧約聖書はユダヤ教の聖典《せいてん》であり、キリスト教にも受け継《つ》がれており、さらにはイスラムにとってもそれは預言《よげん》の書《しょ》である。血は食《しょく》するものではなく……という「タブー」はこれらの宗教につながるわけなのだ。

対して、「こんなに美味《おい》しいものを」あるいは貴重《きちょう》な食料をという立場もあって、それがモンゴルの遊牧民などに見られるというわけだ。

「イスラム教徒のように大地に血を流してはならない」と言ったのは、かのジンギスカンだという話も聞いたが、さて、本当か。

そうそう、直接、「タブー」の話ではないが、子羊《こひつじ》の料理が西欧《せいおう》にはあって、モンゴルでは基本的にないということも、興味深いことである。

モンゴルでは牛にしろ、羊にしろ、子供の段階では殺さない。子孫《しそん》を残させるための一部を除《のぞ》き、去勢《きょせい》はするが、殺しはしない。そのまま育てるのだ。

ヨーロッパで子供のうちに殺すことがあるのは、チーズ、乳製品《にゅうせいひん》の作り方と関係がある。反芻胃《はんすうい》を持っている動物の乳幼児《にゅうようじ》の第四胃にはレンネット（レンニン）と呼ばれる酵素《こうそ》がある。ミルクを飲んで、それをそのまま消化するのではなく、いったん、胃の中の酵素でミルクを固《かた》めて、それを消化するのだ。人間の赤ん坊でも、同じようなものだから、子供にミルクをあげたことがあれば、吐《は》いたりした時に、見覚えがあるはずだ。

ヨーロッパのチーズ作りでは、仔牛《こうし》や子羊（のオス。ミルクを出さない……）を生まれたての時に殺し、胃袋のその部分を塩漬《づ》けなどにして保存して、用いる。それを温《あたた》めたミルクの中に入れて、固めるわけだ。凝固剤《ぎょうこざい》になるというわけ。

それが必要なので、殺すことがあるということだ。モンゴル同様、去勢《きょせい》して肥育《ひいく》することもあるが、上記のような理由で幼《おさな》いうちに殺すこともあるから、子羊、仔牛の料理があるというわけだ。

対して、モンゴルでは乳製品はさまざまなものを作るが、レンネットを用いるという作り方はしない。酸《さん》で固《かた》めるという、インドのチーズ、パニールなどに通じる作り方である。なので、子羊を殺す必要もない。育ってくれれば、毛もとれる。肉にもなる。という感覚の違いである。

それにしても、なぜ、羊が一番タブーから遠いのか?

とりあえずは遊牧民のところに泊《と》まり込んで、その羊とともにある暮《く》らしを見ての実感。羊ほど育てやすいものはない。牛が苦手《にがて》な斜面《しゃめん》でも、羊、山羊《やぎ》は平気だ。牛よりも羊は短い草でも食べられる。つまり、乾《かわ》いた土地、条件の悪いところでは牛は飼いにくい。しかし、羊であれば、そんなところでも飼える。乾ききったように見える、薄く草があるかどうかというようなところでも、羊はそのわずかばかりの草をはんで生きている。

そして、臆病《おくびょう》な羊は御《ぎょ》しやすい。群《む》れとなって行く、先頭に素直《すなお》に従《したが》う（先頭は山羊《やぎ》がよろしいらしい。なので、山羊も羊と一緒に飼うのが一般的である。くわえて、最近は山羊の毛であるカシミアが高値《たかね》で売れるので、これを飼うというのがモンゴルでは多かった)。まあ、山羊同様ということではあるが、羊の毛は売り物になる。ミルクも出すから、それを搾《しぼ》って牛乳同様に保存食品などが作れる。それを食べていられる。そして、最終的には美味《おい》しい食べ物でもある。

というようなわけで、羊とともにある暮らしを見ていると、これを否定したら何を飼って暮らしていけるのだ？　と思われるようなものなのだ。タブーとなるわけがないというのが単純な実感である。

日本では、その伝統的な生活のスタイルの中に、羊が入り込む余地《よち》がなかったというか、近年になるまで、牧畜《ぼくちく》とは無縁《むえん》であったから、私の経験からの実感とは遠いとは思うが、世界を見渡せば、羊が身近《みぢか》というところの方が多いように思われる。

そうそう。

モンゴルで、目の前で肉と化《か》した羊は、百グラム前後の大きさに切り分けられたものがミルク缶（搾乳缶《さくにゅう》）に入れられた。少々の水と塩とともに。途中で、焼けた石も入れられる。さらにその上から肉、焼けた石……。蓋《ふた》を密閉《みつぺい》して、下からもさらに火を焚《た》く。そして、一時間ほど。

いやはや。

みごとな肉の旨《うま》み。これほどの上等なスープは飲んだことがないと思うほどの濃厚《のうこう》にして旨みだけのスープ。

内臓はあとで煮《に》たが、こちらも見事《みごと》なもの。内臓の煮汁などは臭《くさ》いから、捨《す》てて何度も取り替えてと教わったものだが、不思議《ふしぎ》なことにこのモンゴルの羊の内臓、煮汁もまるで肉のそれのように美味《おい》しかった。胃袋の中で固まっていた血も珍味《ちんみ》であった。どちらもウォッカやら、その牛乳酒《しゆ》の蒸溜酒《じようりゆうしゆ》と素晴《すば》らしいコンビだった。

イランではレバーを焼いて、塩をふり、肉を焼いて、塩味《しおあじ》で。

これもまた旨《うま》かった。モンゴルと違って酒がないのが残念ではあったが、肉の旨さは同じように印象《いんしよう》に残っている。

まったく、不思議《ふしぎ》なものだ。

鶏が殺されるのを見ただけで、長く、それが食べられなかった少年が（私のことです……）、いつの間にか、目の前で成仏《じようぶつ》した羊を何事《なにごと》もなかったかのように食べちゃうのだ

豪快《ごうかい》に一頭分、料理された羊で草原の宴会《えんかい》。

から。

そういえば、羊自体、北海道人以外には馴染《なじ》みもなかった肉なのに、いつの間にか九州人の私にとっても、好物となり、レストランで食べるだけでなく、スーパーでみつけたら必ず買ってくるようになった。さて、この変化は何なのだろう……。

ビーフカレーとポークカレー　あるいは馬刺《ばさ》しの話。

カレーは上から。

ラーメンは下から。


カレーとラーメンはどちらも元々《もともと》は外国から伝わったと、誰でも知っているのに、国民食と言えるほどに受け入れられたものである。しかし、その受け入れ方には違いがある。それが、上、下というわけである。

カレーは「洋食」として日本に入ってきた。西洋の近代文明、技術を受け入れ、国家を近代化しようという政策のなかで、西洋料理も受け入れられた。その中にカレーもあったということである。

明治維新《めいじいしん》当時の日本人よりも、イギリス人などの西洋人は大きかった。彼らの食べているものを食べたら大きくなる……という思考《しこう》が働いた。あるいは日英の海軍が演習《えんしゅう》をしても、日本食を食べている日本の船では壊血病《かいけつびょう》などの病気がでるのに、イギリス海軍の軍艦《ぐんかん》ではでない。彼らの食べ物が良いに違いない……と思われ、受け入れようという思考《しこう》が働いたようなのだ。本当をいうと、コロンブスの航海《こうかい》などでその手の病気もでていて、多数の死者を出したりしている。それから、どうしたらよいのかと、長年、試行錯誤《しこうさくご》が行《おこ》なわれ、結局、レモンやライムを頻繁《ひんぱん》に齧《かじ》らせるといった解決法が見出《みいだ》された。ビタミンなどという名前もなかった時代ではあるが、経験則《けいけんそく》から、そのようなことがされるようになったのだ。日本海軍と一緒だったイギリス海軍の水兵《すいへい》たちは元気でいたのだが。

とにかく、そのようなあれこれから、洋食が受け入れられたのだが、米の飯《めし》と一緒であるカレーは特に好《この》まれた。作りやすいこともあったか。学校の寮《りょう》、あるいは軍隊の食事として広まった。お上《かみ》に教わり、広まったというようなカッコウなのである。

そんなわけだから、カレーには日本全国、地域差がない。あるのは、地域ではなく、家庭なり個人の趣味の違いだろう。

対して、ラーメンは学校も軍隊も関係ない。自発《じはつ》的に受け入れられた。

こちらも明治維新、西洋との関わりと関係がある。意味合いは違うが。

西洋からの船は、香港《ホンコン》経由《けいゆ》のものが多かったようだ。アヘン戦争で英国領《えいこくりょう》となった香港。そこで西洋人の使用人として雇《やと》われて日本にやって来たりするようになり、広東《カントン》系の人々と日本の関係ができたのだ。そうして、横浜などに中華街《ちゅうかがい》ができあがる。そこで食べられていた広東式の麺《めん》（湯麺）が、あちらこちらで誰とは知れぬ人々の手によって、アレンジされ、ラーメンとなっていった。だから、カレーの場合と異なり、「こうしないとダメ」という約束事《やくそくごと》も基本パターンなどもなかった。自然と、土地の食材やら技法《ぎほう》やらと結びついた。だから、札幌《さっぽろ》ラーメンやら博多《はかた》ラーメンやらという土地の味と化《か》しつつ、広まっていったのだ。

最近でこそ、カレーの方でも、札幌のスープカレーのようにご当地《とうち》カレーも登場しつつあるが、それも百年を越える歴史を経《へ》ての物語なのだということなのである。

ところで。ごく最近のスープカレーのような話はともかく、その全国区とでもいうべきカレーで、それ以前からも一つだけ、地域差があった。

それが、肉。

関西《かんさい》では牛肉。関東《かんとう》では豚肉をカレーに使うことが多いということだ。

まずはなぜ、そういうことが分かるか。調査ではなく、ハウス食品の関係者から聞いた話だ。ビーフカレー用のルウ、ポークカレー用のルウというような商品を出したら、関西ではビーフ、関東ではポークときれいに売れ行きが分かれたのだとか。それでもって、分かったと聞いた。ちなみに、シーフード用は西も東も似《に》たような売れ行きだったとか。

思えば、カレーだけではない。

関西にはビフカツがある。カツといえばトンカツの関東に対して、関西にはビーフのカツがあるではないか。あるいはコロッケもどちらかというと、関東では豚を使うことが多いのに対して、関西では牛の方が多い。

何か数字はないかとインターネットで検索《けんさく》してみたら、こんなものが見つかった。

牛肉・豚肉に対する一戸《いっこ》あたりの家計支出《かけいししゅつ》〈二〇〇〇年総務庁調査〉である。

牛肉に対する支出《ししゅつ》が、関東7都県平均一九、七七六円であるのに対して、近畿《きんき》7府県平均四三、四一八円というのである。まあ、豚肉に対する支出では、関東7都県平均二二、二〇九円で、近畿7府県平均二〇、一一〇円というから、単に関西人の方が肉好きで、関東はそれほどでもないというような見方もできないことはないかもしれない。が、関東の豚好き、関西の牛好きという傾向《けいこう》があるということに、一応は納得《なっとく》してもらえるだろうか。

では、なぜ、関西は牛で関東は豚なのか。

そもそも、関西には、もともと牛肉の「ブランド」が多い。松阪《まつさか》、近江《おうみ》、神戸《こうべ》……。

それは関西人が牛が好きだったから、ではないのだ。

もともと、関西では農耕《のうこう》に牛を使っていた。田畑《たはた》を耕《たがや》したりするのに、牛を使っていた。そのために牛がいた。

対して、関東は……もちろん、豚ではない。馬である。

肉食の禁忌《きんき》、タブーを公式に解《と》いたのは、明治《めいじ》四（一八七一）年のことである。宮中《きゅうちゅう》で、それまでは肉食をしていなかった天皇《てんのう》が、食べることを宣言《せんげん》した。

「乃《すなわ》ち内膳司《ないぜんし》に令して牛羊の肉は平常これを供進せしめ、豕《いのこ》・鹿《しか》・兎《うさぎ》の肉は時々少量を御膳《ごぜん》に上せしむ」と『明治天皇紀』に記《しる》されている。

日本でもともと、というのは仏教伝来《でんらい》のころの話だが、食べられていた肉は猪《いのしし》と鹿《しか》が圧倒的に多かったようだ。家畜《かちく》を飼って、それを食べるのではなく、野生《やせい》の状態の動物を狩《か》りをして捕《つか》まえ、食べる。

つまり、明治時代に入ってからの肉食の解禁というものは、復古《ふっこ》ではなくて、西洋料理の受け入れ（文明開化《ぶんめいかいか》、鹿鳴館《ろくめいかん》など）との関連で行《おこ》なわれたものだということだ。食べるための家畜を飼うことは、そこから発《はっ》するということである。


なぜ、そうだったのかというと、稲作《いなさく》をすることと狩猟《しゅりょう》をすること、つまり、米食と肉食が対立概念《がいねん》のようになってしまったということだ。

東南アジアでは稲作と、その水田《すいでん》に入ってくる魚をとって保存食、つまり、ナレズシやらシオカラの類《たぐい》を作って、それと米を食べることがセットとでもいうべき食文化が育った。灌漑《かんがい》用水を引き、水田に水が行くようにすると、魚も入ってくる。水があって、稲《いね》によって陰《かげ》になる水田という環境は、魚にとって悪くないところである。育ちやすいところである。

そして、収穫《しゅうかく》の前には水をひかせるわけだが、その状況で大量に魚が取れる。人にとっても悪くない話である。

で、大量に取れた魚を塩漬《しおづ》けにしたり（シオカラとなる……）、さらにそのうえで炊《た》いたご飯《はん》も一緒に漬《つ》け込めば、ナレズシとなる。そのようにして、魚を保存してきたのだ。また、そのようにして、米と魚という食のセットができあがったというわけだ。東南アジアのカレーの類《たぐい》、あるいは生野菜をつけて食べるタレの類には、必ずシオカラの類が入っているのはそういった事情に依《よ》る。また、今や有名になった、ナムプラやニョクマムのような魚醬《ぎょしょう》（魚の醬油《しょうゆ》）も、このような食のセットから登場したものである。

日本の場合と異なり、肉食がタブーとはならなかったが、優先《ゆうせん》順位としては、米と魚。庭先《にわさき》で飼う、鶏、あるいは豚は特別な時のご馳走《ちそう》であった。牛、あるいは水牛《すいぎゅう》はふだんは農耕《のうこう》用で、特別な場合にだけ、食べられた。

あるいは、ヨーロッパ。小麦を育てることと、家畜《かちく》を飼うことがセットになった。豚だったら、前述のように、森のドングリを食べさせられる。牛や羊は人が食べられないような草を食べる。

麦の連作障害《れんさくしょうがい》を防《ふせ》ぐために、次の年《とし》は草が生《は》えるがままにしておいて、そこで羊や牛を飼う。そうすると、草を食べて糞《ふん》をして、その土地の地味《じみ》は蘇《よみがえ》る。というわけで、パンとチーズやバター、それに少量のベーコンなど（餌《えさ》のなくなる冬場に種豚《たねぶた》以外は保存食にする）というセットは合理的である。

そのような食生活であった、ということである。

で、日本はというと、水田の回りに大豆《だいず》を植《う》えた。畦豆《あぜまめ》などという。その大豆が味噌《みそ》、醤油《しょうゆ》になったり、あるいは豆腐《とうふ》やら納豆《なっとう》やらになったりで、米との基本のセットになった。

インドのヴェジタリアンについては、また触れる機会があると思うが、あちらの場合は穀物《こくもつ》と豆、そして乳製品《にゅうせいひん》がセットである。それで生きていける。

それに相通《あいつう》じる、穀物と大豆というセットが基本にあったから、仏教伝来《でんらい》とともに肉食を否定されても、さほどは困《こま》らなかったということではないか。米（か麦、あるいは蕎麦《そば》や雑穀《ざっこく》）と大豆などの豆の組み合わせさえあれば、生きていけた。

もとより、それだけではなく、日本でも場所により、あるいは割合としては少ないものの、魚も補助的な食品としては、あった。温帯では大豆の発酵《はっこう》食品を作ることも、温度管理など、さほど難《むずか》しくはなかったが、熱帯では難しかった。

なので、熱帯では発酵のコントロールが難しくない魚醤類《ぎょしょうるい》が中心となり、温帯では味噌《みそ》などの豆の発酵食品が主《おも》な副食物となったということだろう。

とにもかくにも、そのようなもので、肉食なしでも困らなかったろうということである。

明治《めいじ》のはじめ、天皇《てんのう》の宣言《せんげん》とともに肉食を受け入れた。すでに書いたように、文明開化《ぶんめいかいか》、西洋のようにするという宣言であったろう。肉を食べている西洋人の方が日本人よりデカイではないかというような思いもあったようだ。

ところで、肉はどこにある？

これまた前述《ぜんじゅつ》のように、農耕《のうこう》に牛を使うことが多かった関西《かんさい》では、それが食用にまわされ、増産されるようになった（本当をいうと、明治以前から、薬食《くすりぐ》いと称《しょう》して一部では食べていたということもある）。かくして、関西の洋食は牛肉とともにあった。

では、関東は？

馬を食べるという方向にはほとんど向かわなかったようだ。例外的に、信州《しんしゅう》、あるいは熊本《くまもと》などでそれが行なわれるようになって、馬刺《ばさ》しなどが食べられるようになった。特に信州、長野《ながの》県の場合はハチノコなどユニークな食文化を持つところでもあり（言葉を代《か》えると貧《まず》しかった）、オタグリと呼ばれる、馬の内臓《ないぞう》の煮込《にこ》みのような料理も生まれた。

日本の信州、熊本に限らず、馬と縁《えん》が深いところで、それを食べるという方向に進むところもあれば、それには抵抗《ていこう》があるというところもあるようだ。前に書いたモンゴルでも、市場《いちば》では馬の肉を見つけたが、牛や羊ほどに盛《さか》んに食べられているという風情《ふぜい》でもなかっ

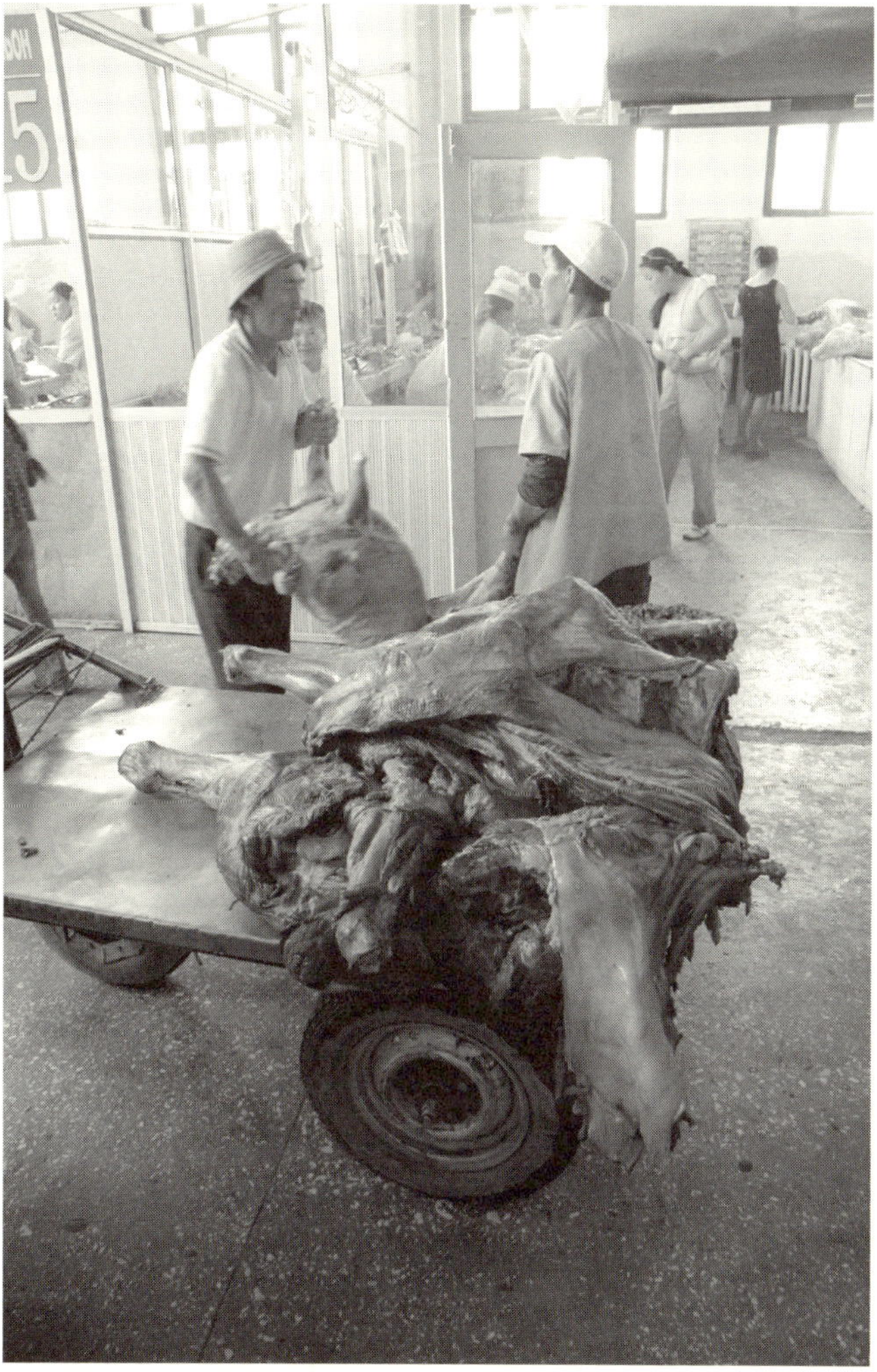

モンゴル、ウランバートルの市場で見かけた肉のかたまりは馬だった。

た。タルタルステーキも、もとはといえば馬だというが、抵抗があるところでは、牛のそれになっていっている。

このあたりの違いのなぜは、難《むずか》しい。「食べてみよう」というきっかけが、あったかなかったたけなのか。あるいは、ペット感覚と食べるものという感覚のような彼我《ひが》の大きな差があるものなのか。国内でも、なぜか、信州とわが故郷、熊本県のあたりは馬も食べるものとなり、それ以外では、違うものとなる。国外でも場所により、その感覚は分かれる。なぜかまでは分からない。何かあるようではあるが。

ともあれ、馬を食べるのでなければ、早々に育つ家畜《かちく》を考える。それが豚だった。というわけで、明治維新《めいじいしん》の首都《しゅと》東京近辺《きんぺん》には、養豚場《ようとんじよう》が多く作られ、首都圏《けん》での肉の需要《じゆよう》に応《こた》えたというわけである。

かくして、明治の三大洋食といわれる、カレー、コロッケ、トンカツで、西は牛、東は豚の肉が使われることになったというお話。それ以来、関西人は関東人よりも牛肉をいっぱい食べているというお話である。

それにしても、食べるとなると、馬でも牛でも刺身《さしみ》にしてしまうところが日本人？蛇足《だそく》。豚か牛かということで、ふと思ったこと。カツレツといえば、西洋のそれは仔牛《こうし》のものが名高い。それは、前に書いたように、チーズ作りのために、あるいはオスの仔牛は育てる必要もないということで、仔牛を食べる文化がある。しかし、チーズの文化のなかった日本には、そのような仔牛を屠《ほふ》る文化もなかった。ではどうするか。

同じ牛ということで、ビフカツのような考え方もある。あるいは仔牛の肉に近いのは豚ということで、トンカツという発想もある。そんなことがあったのではないかという気もしないでもない。ま、これはただの思いつきだが、案外《あんがい》と正鵠《せいこく》を射《い》ているような気もしないでもない。フランス料理屋ででも、仔牛の料理と豚や牛を食べ比《くら》べてもらえれば、納得《なっとく》してもらえるようにも感じるのだけど。

もう少し、脱線。

馬の話で思い出したこと。

その昔、タイに住んでいたころのことだった。

コオロギ入りのスープ。料理の隠《かく》し味《あじ》に使うという高級品（というか、けっこう高い）タガメ。和《あ》え物《もの》にするというアリの卵。あるいは焼いたり煮《に》たりされるカエル。

タイ人の友人と市場を歩きながら、そんなものを見て、

「まったく、君らはゲテモノ好きだなあ。こんなものを食べるなんて」

そう言った。すると、友人は、

「何を言います。あなたたち日本人に言われる筋合《すじあ》いはないです。だって……」

馬を食べるっていうじゃないですか。それも、生《なま》で。

何を言うんだ。馬刺《ばさ》しって美味《おい》しいものだよ。そりゃあ、立派《りっぱ》な料理だよと言おうとして言葉を飲み込んだ。それを言ったら同じだ。

僕らの常識《じょうしき》は彼らの非常識。

その逆もまた真《しん》……。

カラシレンコンと馬刺し
どちらも熊本の名物。

食べていけない「時」

厳格《げんかく》なユダヤ教徒《きょうと》であれば……。

ステーキの後《あと》、コーヒーを飲む。それ自体は問題ないが、ミルクは入れられない。肉のクリームシチューというようなものはありえない。

ピザのトッピングに肉類、ソーセージやハムはありえない。まあ、そもそもが前述《ぜんじゅつ》のように、豚肉はタブーであるから、ハムソーセージといっても、牛や鶏で作ったものとなるが（あまり旨《うま》いものは食べたことがない。ブタと違って）。

魚のバターソテーはありうるが、肉類はダメ。

以上のようなもろもろがタブーである。

というのは、肉製品と乳《にゅう》製品を合わせて、あるいは同時にとってはならないという教えによる。先《さき》に引用《いんよう》した、旧約聖書《きゅうやくせいしょ》「申命記《しんめいき》」の「××を食べてはならない」という話に続く、「あなたは子山羊《こやぎ》をその母の乳《ちち》で煮《に》てはならない」という言葉からである。

異教徒《いきようと》からすると、だったら、子山羊を別の山羊のミルクで煮ればいいとか、山羊がダメだっていうのなら、他のミルクで煮ればいいし、牛やら羊やらまで拡大解釈することはないのではと思ってしまうが、とりあえず、厳格なユダヤ教徒はそのような解釈をして、タブーとしているというわけだ。

エホバの証人《しようにん》というキリスト教のグループは、輸血拒否《ゆけつきよひ》ということで話題になるが、あれも旧約聖書にある血を食《しよく》することはタブーというような文言《もんごん》から、他者の血を体内に受け入れること、つまり、輸血を禁じるという解釈をしている。同じようなことか。

ともあれ、話はユダヤ教の一緒《いつしよ》に食べてはダメという話で、乳製品を口に入れたら、そのあと三十分は肉を食してはならない。逆に肉を先に食べたら、六時間は乳製品を口にしてはならないということになっている。そうしないと、胃の中で一緒になってしまうという理屈《りくつ》である。

もちろん、エホバの証人以外のキリスト教徒は輸血を禁じてなどいないように、ユダヤ教徒でも、多数派《たすうは》はかような理屈は気にしていないようではあるが。

食べる時間のタブーということでいえば、よく知られているのはラマダーンか。

ラマダーンとはイスラムの暦《こよみ》で九月のことであるが、その一月《ひとつき》が断食《だんじき》となる。といっても、ずっとというわけではもちろんなく、日没《にちぼつ》から日《ひ》の出《で》までの間であれば、食しても良い。日中の飲食を断《た》つというタブーである。

キリスト教、特にカトリックでは、金曜日に肉食を禁じるというタブーもある。金曜日がキリストが張《は》り付《つ》けになった受難《じゅなん》の日であり、その日に肉食を避《さ》けるということである。で、一般的には魚や鶏（鶏はいいらしい）を食べるという習慣となっている。

また、タイなどの上座部《じょうざぶ》仏教の僧侶《そうりょ》は、午前中しか食事ができない。一般的には早朝と昼の直前くらいの二度、食事をする。ブッダが、そのようにしていたからという。

タイの僧院《そういん》の食事。
托鉢《たくはつ》で集められた豊かな食だが、食べられる時は午前中だけ。

2

アリの卵の和え物に鯨の竜田揚げ

アリの卵の和え物とゴキブリのスナック

ちょうどキャビアのような、プチプチっとくる食感《しょっかん》。粒《つぶ》がはじけるその瞬間《しゅんかん》にほのかな酸味《さんみ》のようなものと旨《うま》みを感じ、なるほどと思う。それにしても、イサーン（東北タイ）らしい激辛《げきから》。せっかくの面白《おもしろ》い味わいがかき消《け》されてしまいそうな、でも、この刺激《しげき》だからこそ、美味《おい》しく食べられるような……。

この料理、ラープという。一般的には牛、豚、鶏あたりを、生《なま》のまま、あるいは茹《ゆ》でたり焼いたりで加熱したうえで、ミンチ状にして和《あ》え、ハーブとニンニク、唐辛子《とうがらし》、煎《い》って粉にした香《こう》ばしい米、ナムプラなどで調味《ちょうみ》した和《あ》え物《もの》である。未熟《みじゅく》なパパイアを千切《せんぎ》りにして沢《さわ》ガニのシオカラなどと和《あ》えたサラダであるソムタムと並び、東北タイからラオスにかけての地域を代表する料理である。

そして、このキャビアのような……というのがアリ。アリの卵である。酸味《さんみ》云々《うんぬん》は蟻酸《ぎさん》のそれだろう。

食べたのはかなり昔なので、値段までは覚えていないが、けっこうな珍味《ちんみ》であり、安くはなかったことだけは覚えている。

虫を食べる。

そのことで、強烈な印象《いんしょう》が残っているのはアジア。特にタイを中心とした東南アジアである。

このアリのラープは、ナレズシ（先《さき》に述べたフナズシのような長期醱酵《はっこう》させるスシ）のルーツというか、原型《げんけい》のようなものがあるというタイ東北部に、その取材《しゅざい》で出かけた際に出会った。

その時は本来のテーマではなかったのだけど、ナレズシの取材に協力してくれる人たちと市場に買い出しにいったら、「あら、こんなもの知っている？　珍味《ちんみ》なのよ。美味《おい》しいのよ」と教えられ、アリの卵まで食べてしまうのかと感嘆《かんたん》し、それは試《ため》してみなくてはと、買い込み、料理してもらったのだった。

アリの卵。このような状態で市場で売られている。

「アリの卵まで食べしまうのか」と感嘆したというのには訳《わけ》がある。

それ以前から、あれこれ虫は食べてはいたのだ。というか、出会ってはいた。だから、ちょっとやそっとでは驚《おどろ》かない。それにしても、卵まで……と驚いたということだ。

食べたり、見たりの経験のある虫、ちょっと列記《れつき》してみようか。

タガメ。タイではメンダーと呼ぶが、ちょっとした貴重品《きちょうひん》である。もっとも、最近では養殖《ようしょく》が可能になったようで、かなり「大衆化《たいしゅうか》」したようであるが。

とりあえず、このタガメ、茹《ゆ》でたり、蒸《む》したりしたものをばらして、チュウチュウ吸《す》うような食べ方をする。市場で調理して売っているので、それを吸いながら、ブラブラしたりということだ。

あるいは、ナムプリックという、蝦醤《かしょう》（アミのシオカラのペースト）をベースに、ライム汁、ニンニク、唐辛子《とうがらし》などの調味料、香辛料《こうしんりょう》をくわえてペースト状に和《あ》えたものに生《なま》野菜をつけて食べる、タイではもっとも一般的な食べ物がある。それに、甲羅《こうら》などをはずしたメンダーを入れて、潰《つぶ》すというようなこともする。

私自身は直接吸った経験はなく、後者《こうしゃ》しか知らない。こちらは、ミントのように爽《さわ》やか

タイで「虫食い」といえば、これというほど有名なメンダー。
タガメの仲間。

な風味《ふうみ》がふだんのナムプリックにくわわったように思われたのだけど、さて、それがメンダーからのみ、出ているものかは不明だ。知らぬ間《ま》に、教えてくれた小母《おば》さんが、何かくわえたのかもしれない。そういうことはなかったと思うのだけど。

コオロギの類《たぐい》はチェンマイだったか、スープに入っていた。コオロギ、あるいはイナゴの類は、今となっては定《さだ》かではないくらい、あちこちで食べている。揚《あ》げて甘辛《あまから》いタレにからめてあったり、塩だけかけていたり。小エビみたいなものである。見た目だけでなく、味も。

セミの類。ラオスの船着《ふなつ》き場《ば》でフェリーが来るのを待つ間《あいだ》に、子供たちが売っていたのを買ってみた。加熱の具合は定《さだ》かではないが、たぶん、茹《ゆ》でたものだったか。成虫《せいちゅう》で甲羅《こうら》が硬《かた》く、あまり味もしなかった。

ゴキブリはカンボジアの川を渡《わた》るフェリー乗り場で売っているのに出会った。確かにゴキブリである。茹《ゆ》でたもののようだ。で、正直《しょうじき》に告白すると、これだけは食べられなかった。食べようという気にならなかった。

まだまだ、修行《しゅぎょう》が足《た》りぬなあ、試《ため》しておけばよかったと後になって、後悔《こうかい》したのではあるが。

ラオスのフェリー乗り場。
売りものの“スナック”は焼いた虫……。

他にも、書き出せばキリがないくらいあちこちで食べている。中国も広州《こうしゅう》は凄《すご》かったし（アリやサソリなど虫の仲間を料理したものを出す専門店があった！）、韓国《かんこく》ではカイコを煎《い》りつけたものだったか、スナックのように路上《ろじょう》で売っていた。

まあ、虫を食べるということは、珍《めずら》しくないといえば珍しくもないことか。

そういえば、かなり前のことだが、日本の虫喰《く》いの話を取材《しゅざい》して、書いたことがあった。ちょっと引っ張り出してみようか。

信州《しんしゅう》の伊那谷《いなだに》。信州のイカモノ喰《ぐ》い、悪食《あくじき》として、その方面では最も有名な地である。その中心の一つ、飯田市で先《ま》ずはカイコの佃煮《つくだに》製造する錦食品の田中勝美さんを訪ねた。佃煮屋さんで、カイコのものも作っているよ、というのではなく、カイコ専門なのだ。もともとは、惣菜《そうざい》屋として出発し、カイコもその中の一つとしてやっていたのだが（ということは、カイコはお惣菜なのだ！）、惣菜全般《ぜんぱん》ということでは、商売敵《がたき》も多くなり、逆に専業化《せんぎょうか》したのだという。

カイコは繭《まゆ》を作ったものから絹糸《きぬいと》を取った後の、それである。モスラでいうと、東京タワーやら国会議事堂で固《かた》まったのを、裸《はだか》にしちゃって、食べるってことだ。

今はもう一つしか残っていないが、もともと養蚕業《ようさん》の盛《さか》んな土地で、その工場から素材は仕入れる。最後の最後まで人間にご奉公《ほうこう》させられる、けなげなカイコなのである。おカイコ様と呼ばれたというが、まあ、当然かもしれない。

で、そのおカイコ様とは、田中さんの工場の大鍋《おおなべ》の中でお目にかかった。少なくなったというが、一日に何回もこの大鍋で料理するというので、いったい何万匹がご奉公するのだろうかと、思わず考えてしまった。

実は以前、韓国でカイコは食べたことがある。市場などで天津甘栗風《てんしんあまぐりふう》にスナックとして売っているのだ。が、それを食べた時には少々生臭《なまぐさ》いというか、いかにも虫を食べているという癖《くせ》を感じて、ついていけなかった。

ところが、今回、意を決してつまんでみた、飯田のカイコは気にならない。佃煮《つくだに》というよりあっさりとした醬油《しょうゆ》味がつけられているそれは、醬油味のスナックを食べている感じで、「やめられない止まらない、酒がほしい」状態にさせられてしまう。先《さき》に茹《ゆ》でたりと独特の工夫《くふう》がなされているらしいのだが、それにしても、それと言われなければ六本木あたりのわがままなお姐《ねえ》さんたちだって、自然に食べちゃいそうなお惣菜《そうざい》だった。

しかし、マーケットは県外には出ないという。スーパーなどに卸《おろ》しているのだが、試《ため》しに営業努力をしてみても、販路《はんろ》は県境を越えないのだという。子供のころから食べ続けていないと分からないといった種類の味わいではなく、日本人なら誰でも違和感のない味だと思うのだが。

酒の時間になり、田中さんに先代《せんだい》からの何十年来《なんじゅうねんらい》の付き合いだという居酒屋《いざかや》に連《つ》れていってもらった。飯田駅前の「〆清《しめきよ》」というその店は、仕事帰りに本当に気軽に一杯《いっぱい》やっていける雰囲気《ふんいき》にみちたところだ。酒も肴《さかな》も店の感じも純日本のそれであるが、南欧《なんおう》の男たちが仕事を終え、生ハムなどつまみながら、軽くワインなどひっかけるバルを思い出してしまった。「うちの近くにもこんな店があったらいいな」と思わせる正しい居酒屋である。そこで地《じ》の日本酒などすすりながらの肴《さかな》の定番が、馬の内臓味噌《ないぞうみそ》煮込《にこ》み。オタグリという。

豚モツの煮込みと違って、豆腐《とうふ》やコンニャクなどの脇役《わきやく》は入らない。少々大ぶりに切られた馬のモツだけが、丁寧《ていねい》に煮込んである。定番と書いたが、確かに注文しない客はモグリという感じで、誰でも入るやいなや酒とこの一品を頼《たの》むというものである。

これが、滋味《じみ》としかいいようのない旨《うま》さ。日本酒とはもう金婚式《きんこんしき》も越えたのではと思われる相性《あいしょう》のよさ、である。いわゆる豚モツの煮込みがどのくらい古いのか、定《さだ》かではないが、おそらくそれよりは古いらしく、もうすっかり土地に根付いた味のようなのである。

その後、すっかりいい気分になってしまったものだから、店の名前など失念《しつねん》したが、何軒《けん》か回るうちに、こちらは有名な信州名物、馬刺《ばさ》しをつまんだり、山菜《さんさい》の類《たぐい》、あるいは山芋《いも》などを楽しんだりした。海のものの刺身《さしみ》やら、焼き魚というどこにでもある肴《さかな》もあったが、それ以上に土地のものが目立った。


日を改《あらた》め、飯田郊外《こうがい》の景勝地《けいしょうち》、天竜峡《てんりゅうきょう》にある竜峡亭を訪《たず》ねた。皇室《こうしつ》の宿泊も多い名門旅館である。ここで土地の料理をと頼むと、地《じ》のものだという松茸《まつたけ》料理や鯉《こい》の洗《あら》いや甘露煮《かんろに》と並んで、虫たちが登場した。

「ふつうのお客にはせいぜい一種類、ちょっとだけしか出さないけど」と女将《おかみ》の北原郁さんは言いながら、この物好《ものず》きな客にザザムシ、ハチノコ、サンガなどを出してくれた。ザザムシはトビケラ類の幼虫の総称《そうしょう》らしいが、川の中で石の裏《うら》などをひっくり返すと蠢《うごめ》いていて、釣《つ》りの餌《えさ》にするあれである。ハチノコはまあ説明不要だろう。文字どおり蜂の子、白い幼虫だ。ときどき大人になりかけの黒っぽいのも混《ま》じっているが。サンガは蚕蛾、成虫《せいちゅう》になったカイコである。それぞれ、佃煮風《つくだにふう》にしてある。

マヨネーズをつけて生《なま》で食べられるという小ぶりな松茸《まつたけ》も新鮮な歯触《ざわ》りで旨《うま》ければ、程良《ほどよ》い甘みで煮《に》られた鯉《こい》も豊かな味わいだった。料理の脇《わき》に少しずつ添《そ》えられた、今まで見たこともないような山菜《さんさい》類も気が利《き》いていた。そして、虫たちもそんな美味《びみ》にひけをとらず、いい味を出していた。まあ、他の料理がいかにも高級な料亭《りようてい》旅館のプロの料理であるのに対して、虫はお惣菜《そうざい》的というか、家庭の味という感じがしたが。

ちなみに、よその客は食べられるものなのか、抵抗はないのか聞いてみると、説明すると、ほとんどのお客は「美味《おい》しい、美味しい」と食べちゃうんだとか。特に男性客には全然抵抗ないらしい。

そういえば、かつて美智子皇后《こうごう》にも出したことがあったが、「あら、サンガ」と懐《なつ》かしそうに召《め》し上《あ》がったとか。戦時中の疎開《そかい》でか、お馴染《なじ》みだったらしいのだ。

宿の近くの土産物屋《みやげものや》など覗《のぞ》くと、山菜《さんさい》や野沢菜《のざわな》漬《づ》けなどと並んで、先《さき》の虫たちの佃煮《つくだに》も売られていた。川エビなどと並んで、イナゴの佃煮もあった。スーパーでもふつうに並んでいた。

それにしても、なぜ、信州のこの地だけ、これほどまでに昆虫食《こんちゆうしよく》が盛《さか》んだったのだろう。馬をはじめとする肉にだって、他の土地よりも抵抗がなかったようなのは、なぜなのだろう。腹ごなしに絶景《ぜっけい》の渓谷《けいこく》をぶらついたり、林檎園《りんごえん》など覗《のぞ》いてみたりしながら、考えた。

「山の中で魚などの蛋白源《たんぱくげん》が乏《とぼ》しいため、食べられるものは何でも食べた」といった説明が、信州案内《あんない》のさまざまな本になされている。しかし、昔は貧《まず》しかったというと、全国似《に》たようなものだったではないか。調べてみると、漁村はともかく、農村ではそうそう魚なんか食べていないぞ。信州の特殊性《とくしゅせい》の説明にはなっていないぞ。

飯田の合同庁舎《ちょうしゃ》にある下伊那《しもいな》農業改良普及《ふきゅう》所に、米山由子さんを訪《たず》ねた。地域生活課長で、昔からの食を含《ふく》めた生活に詳《くわ》しい人だ。

貧しいから云々《うんぬん》という説への疑問を口にすると、そういえば、このあたりは凍豆腐《しみどうふ》の産地として昔から有名なくらいで、おからや豆腐《とうふ》という蛋白源には不自由していなかったのでは、という。

それにも関《かか》わらず、米山さん自身、今までに登場したようなもろもろはもちろん、一時期は赤カエルやヘビなどまで食べさせられた。ウサギも食べたなという。

で、さまざまな話をしていて、なるほど、と納得《なっとく》したのが、以下のような点だった。

「川では春には川エビ、秋にはザザムシがとれて」などという話では、エビもザザムシも同じ文脈で登場するのである。一言《ひとこと》で言うと、片方はゲテモノという偏見《へんけん》がないということなのだが、そんな理屈《りくつ》を越えた虫も含《ふく》めて当《あ》たり前という食の感覚があるように思われたのだ。

そして、たとえばカイコは養蚕業《ようさんぎょう》が盛んな土地であっただけに、当然のように食料になるし、また鯉《こい》の餌《えさ》にも、そして肥料《ひりょう》にも用いられた。食物連鎖《しょくもつれんさ》みたいな自然な合理性が、伝統的な暮《く》らしの中にあったようなのである。

虫から離れるが、たとえば馬肉食も養蚕業との関連で登場するという。同じ庁舎の中にある家畜保険衛生所《かちくほけんえいせいじょ》の飯島所長も一緒《いっしょ》に説明してくれたのだが、明治《めいじ》以降、肉食のタブーが薄《うす》れたあたりで、養蚕関係の業者たちの間で、馬肉食が広まったらしいのだ。

つまり、過酷《かこく》な労働を強《し》いられた女工《じょこう》さんたちには、栄養価の高いものを食べさせないといけないが、卵などは高価で無理だった。で、輸送に用いられていた馬の、それも年期がいって働けなくなったのに目がつけられ、オタグリ（内臓の味噌煮込み）などが発達したらしいのだ。それが、第二次大戦前後の混乱の中で、それ以外の一般にも広まっていったというのである。

養蚕という産業を中心に、合理的なつながりとして食の体系があるという感じがしたのだった。

帰京《ききょう》して、自分の本棚《ほんだな》を眺《なが》めていると、人類偏食図鑑、人はなぜ××を食べないのか、などと帯《おび》に書かれた『食と文化の謎《なぞ》』（マーヴィン・ハリス著、岩波書店）という本があった。

イナゴの缶詰《かんづめ》を開いて、学生に配《くば》りながら授業しているが、といった愉快《ゆかい》な本だが、そこに肉食などと比《くら》べても昆虫食の栄養価が非常に高いという指摘《してき》と、ある食品がある文化圏《けん》の中で食品として認知《にんち》されるかどうかは、それを入手《にゅうしゅ》するために必要なカロリーが、それから得《え》られるカロリーをはるかに越えているかどうかにかかっているという指摘があった。つまり、中欧《ちゅうおう》、北欧《ほくおう》などでは昆虫の密度が低いために、わざわざ採《と》って食料とするに値《あたい》するものではなく、そのためにゲテモノという感覚も生まれたというのである。

同じヨーロッパでもたとえば古代ギリシアのアリストテレスは、セミはどういう状態が旨《うま》いと書き残しているくらい、よく食べていたとか。

まあ、他にもさまざまな理由のあることだが、とにかく他の文化圏の人間にはゲテモノと思われるものが、実は非常に合理的な食べ物であることが多いようなのである。そして、信州のカイコなど、そこからなるほどと納得《なっとく》できる、合理性そのものの食品だったのである。今さら、欧米人にとっての鯨《くじら》などは持ち出さないけれど、つまるところ、信州人は偏見《へんけん》から自由でいられたということなのだ。

今回の信州の旅のハイライトが、蜂《はち》の巣《す》採《と》りだった。飯田市役所に勤《つと》める蜂採り名人、林喜治さんを自宅に訪《たず》ねると、なんと飼っているというジバチ＝黒スズメバチの巣を開けて見せてくれ、さらに「この人は蜂博士《はかせ》か」と思うくらい、さまざまな角度から蜂について説明してくれた。そして、朝のうちに探しておいた大スズメバチの巣を夜に採りに行くがと誘《さそ》われた。

昼のうちだと、巣から出ている奴《やつ》が戻ってきて刺《さ》されるから、夜になって全員巣に戻ったところで、捕《つか》まえに行くんだという。

何気《なにげ》なくついていくと、これがゲリラだって夜には移動しないんではないかと思うくらいの、道もなければぬかるみ、鬱蒼《うっそう》とした山の中である。実際、カンボジアのゲリラなどに同行取材したことがあるのだが、あの時よりもつらかった。後半とはいえ三十代のぼくが、ぜいぜい言いながらやっとのことでついていくのに、五十代と四十代の男たちは、エスカレーターでもあるように、軽々《かるがる》と登っていくのだった。そして、煙幕《えんまく》をしかけて、蜂をショック状態にしては一抱《ひとかか》えはある巨大な巣を掘《ほ》り出した。

その様子《ようす》を息を弾《はず》ませながら写真を撮《と》っていると、巣から逃げ出したらしい大スズメバチに腕《うで》を刺された。大きな注射《ちゅうしゃ》みたいな激痛《げきつう》に襲《おそ》われながら、これは狩猟《しゅりょう》や渓流釣《けいりゅうつ》りみたいな大人の男のゲームなのだと思った。いや、下手《へた》なところを刺されたら死んでしまうのだから、もっと危険なゲームなのだ。だからこそ、それに値《あたい》する面白《おもしろ》さがあり、そして、ハチは濃厚《のうこう》にして淡白《たんぱく》な美味《びみ》だった。


と、こんなことを書いていた。

ここで引用《いんよう》しているハリスの経済効率《こうりつ》とでもいうべき説は、豚肉の話のからみですでに紹介した。そこでも触れたが、若干《じゃっかん》の疑義《ぎぎ》を抱《いだ》いている。

たとえば、気候などあまり変わらず、生態《せいたい》の状況も似たようなものである、東南アジアの内部でも虫喰《く》いには濃淡《のうたん》がある。

タイ人が比較的食べるということはすでに書いたが、マレーシアまでいくと、あまり食べなくなるようだ。イスラムとのからみか。

また、同じタイの中でも、濃淡がある。

特に昆虫《こんちゅう》食を好《この》むラオ族系の人々は、タイ人の中核《ちゅうかく》をなしているタイ族系タイ（シャム）人に昔から「悪食家《あくじきか》」と蔑称《べっしょう》されてきたが、それは彼らが糞虫《ふんちゅう》やキンバエの一種《いっしゅ》の幼虫を好《この》んで食べていたことに由来《ゆらい》する。

と、三橋淳編『虫を食べる人びと』（平凡社）で昆虫の毒《どく》の研究が専門だという桑原雅彦氏が書いている。

このあたりの民族的な問題はややこしく、説明を要するし、悪食《あくじき》というだけの話ではない。それにしても、キンバエ？　糞虫？　そうそう、ゴキブリもやっぱり抵抗がある。

さて、日本人の中でも比較的「偏見がない」と思っている自分自身でも、そのあたりまでくると「ごめんなさい。カンベンして」というような抵抗があるということだ。目くそ、鼻くそを笑うなのか？　五十歩百歩？

それは何なのだろう？

虫なんて食べるの？　信じられない！　というような連中《れんちゅう》と、何が違うのか。違わないのか。

「食べてはいけない！」の闇《やみ》は深い。

鯨を食べさせたのも、アメリカ人

食《く》いしん坊を商売にしている私が、日本中でも好きな寿司屋《すしや》の五本の指に入る名店の一つが、下関《しものせき》にある。浪花《なにわ》という。

夏はウニ。冬はフグなどで「参《まい》った」と思わされる店なのだけど、そこで出してもらったのが、鯨《くじら》の刺身《さしみ》。

これには、参った。とろけるような脂身《あぶらみ》と肉の旨《うま》さの絶妙《ぜつみょう》なバランス。はなっから生《なま》のままということは、あまりありえないと思うが、解凍の具合なのか、食べ頃が完璧《かんぺき》なのか、まとわりつくような旨さだった。

天然《てんねん》トラフグの薄造《うすづく》りの刺身か、その白子《しらこ》の塩竃《しおがま》焼きあたりと、どちらを選ぶかと言われたら、微妙《びみょう》ではある。だって、そのあたりの旨さは、食べながら自分自身がとろけてしまいそうになるほど。あまりにも圧倒的なのだもの。

しかし、これも一緒に食べられるのなら、すぐにでも行こうと思わせるほどに美味《びみ》、つまり、とんでもなく美味《おい》しいものであった。

美味しい鯨《くじら》と言えば、能登《のと》の料理民宿《みんしゅく》「さんなみ」。
わずか三室しかない宿で、野菜から調味料まで自家製《じかせい》というところ。日本一の民宿とも呼ばれている。取材で訪《おとず》れて、惚《ほ》れ込んでしまい、通《かよ》って、この宿のことだけで一冊本を書いてしまったほど（『日本一の朝ごはん』雄鶏社、日曜日の遊び方シリーズ）。

ここでも鯨をよくご馳走《ちそう》になる。

なんでも、近隣《きんりん》の定置網《ていちあみ》に時々、引っ掛《か》かるのだという。哺乳類《ほにゅうるい》でありますからね、いくら泳ぎが達者《たつしゃ》でも、海中で引っ掛かってしまえば、水死《すいし》してしまうというわけ。それが時々、市場《しじょう》に出回るということなのだ。

毎回というわけにはいかないが、時々、おのみ（尾のつけねのしもふり肉）などいただく。あるいは、心臓などを味噌《みそ》漬《づ》けにしておいたものも食べた覚えがある。これなどはかなりの珍味《ちんみ》だろう。

この宿の名物の、米糠《こめぬか》に漬《つ》け込んだイワシを炭火《すみび》で炙《あぶ》ったもの、つまりコンカイワシのように、あるいは自家製の魚醤《ぎょしょう》、イシリの味をつけて一夜干《いちやぼ》しにしたイカやカマスのように、それだけのためにでも、遠路《えんろ》、行きたいと思われるものもある。食べ物で日本一の民宿と言われるくらいなのだから、それほどに旨《うま》いものがあれこれあるということだ。

下関《しものせき》、唐戸市場の食堂メニュー、鯨の竜田揚げ。

で、鯨というと、ものによっては、「そのために行きたい」というものもあるが、「なるほど」程度のものもある。食べさせてくれるなら食べるけど、こちらから求めて、あるいは、このために行くということはないか……というものもあったということだ。

私、一九五五年生まれ。いわゆる団塊《だんかい》の世代よりも、ちょっとだけ下である。電話やテレビが生まれたときから（あるいは、物心《ものごころ》ついたときから）あったのではなく、やって来た日を覚えている世代。給食についてきた飲み物が、牛乳ではなく、脱脂粉乳《だつしふんにゆう》だった世代……。まあ、このあたりは同い年で、しかし生まれ育った地域は違う妻《つま》が、脱脂粉乳なんて知らない、雪印《ゆきじるし》の牛乳だったというから、地域差もあるかもしれない。

とにかく、そのあたりの世代である。

そして、その世代にとって給食といえば、脱脂粉乳と並んで思い出ぶかいのが、その鯨の肉なのである。竜田揚《たつたあ》げが代表格。それ以外でも、肉らしい肉、つまり、ああ肉だとすぐに分かるような塊《かたまり》で存在していたものは、カレー汁みたいなものなど、たいていは鯨の肉だったはずだ。

当時、家庭での食事はさすがに給食と違って、「鯨の肉だけ」という感じではなかったが、それでも、さらし鯨（地方によってはオバケ、オバイケなどと呼ぶ）、つまり皮のあたりの脂《あぶら》の部分を湯がいたりしてさらしたものを、酢味噌《すみそ》につけて食べるものが、頻繁《ひんぱん》に登場していた覚えがある。

さて、そのころ、私は鯨を美味《おい》しいと思っていたのか。魚ではなく、肉が食べられるという意味で、それを喜んでいたような気はする。だって、面倒《めんどう》な小骨《こぼね》があるわけでもない。が、「牛や豚とどちらを取る？」と聞かれたら、悩《なや》むまでもない、というほどのものだった。もちろん、鯨ではないということだ。それほど、美味しいものだとは思っていなかったということだ。牛や豚を食べられるのなら、好きこのんで鯨など食べなくてもいいではないかと思っていたということである。

それが、違うかもしれないと思うようになったのは、先《さき》に書いたような真《ま》っ当《とう》なところで、真っ当な鯨を食べてから。

その昔は美味しい部位《ぶい》は知らなかったのだろうが（鯨は部位によって、うまいまずいが極端《きょくたん》なように思われる）、後で、関係者などに聞くと、冷凍技術などの進歩が、以前とは比較《ひかく》にならぬ味となっているようでもある。

さて、そこで本題。

今さら説明の必要もないと思うが、その我々《われわれ》には親《した》しみがある鯨が「食べてはいけない」の対象《たいしょう》になっている。この「食べてはいけない」を考えてみたい。

「食べてはいけない」の前には、「捕《と》ってはいけない」がある。

その経緯《けいい》については、それこそ、ネット上にも資料と意見、納得《なっとく》と偏見《へんけん》があふれているが、百科事典サイト、ウィキペディアがこのテーマについては、比較的偏《かたよ》りなくまとめていると思われる（捕鯨《ほげい》問題という項目である）。

興味《きょうみ》がおありなら、そちらを参照していただきたいが、個人的には捕鯨の是非《ぜひ》という大問題の大海に船を漕《こ》ぎ出すつもりはない。ああいえばこういう理屈《りくつ》の言い合いだから。科学の名のもとに自説を主張し合っているようなものだから。

ここでは、なぜ、「食べてはいけない」といわれるのか、その点についてのみ、考えてみたいと思う。

捕鯨反対派と推進派とに分かれるが、反対派はかつて、燃料《ねんりょう》、あるいは機械油として鯨の油脂《ゆし》を用いていた、つまりは鯨を食べ物とみなしていない（食べていなかった）捕鯨国だった。対して、日本やノルウェーのような推進派は、食料としてきた国々である。基本的な違いはその点にあると思われる。食べ物とは思っていない人々と、食べ物だと思っている人々の違いである。

環境問題、あるいは環境保護のシンボルのような形で鯨が使われたりもしているが、それはどうも、自説を援用《えんよう》するためのものとしか思えない。

鯨は知性が高いから……というのも同じようなものである。

そういえば、実際に欧米《おうべい》でこの話になると、インテリ層《そう》でもこのような話がよく出てくる。鯨のように知性の高い生き物を食べるなんて……というわけ。

これについてはとやかくは言わない。単純にアホ、差別主義者というだけである。ナチスの優生思想《ゆうせいしそう》と同じだ。有色《ゆうしょく》人種差別に使われた屁理屈《へりくつ》である。ナチスの場合は、ユダヤ人は下等《かとう》な民族だから取り除《のぞ》かねばならぬという理屈。あるいは白人全般《ぜんぱん》に、自分たちは黒人や黄色人種より優《すぐ》れているから彼らの国を植民地にしたりして、支配してもよいのだという戦前にあった屁理屈である（念のために言うと、人種による知性の差など、全《まった》くない。偏見である）。

動物のＩＱを計《はか》って、高かったら食べないなんて理屈は成り立つのか。そもそも、どういう知性だ？　人間の基準で動物を見るアホさ加減《かげん》にも気づかないのか……。

まあ、一般的な傾向《けいこう》として、人間の形態に近くなればなるほど、食べるということには抵抗が増《ま》すようなところはある。人間の意識の問題として。

鳥の方が、哺乳類《ほにゅうるい》よりも抵抗はなかろう。哺乳類でも大型のものほど抵抗が増すだろう。豚よりも牛に。

そして、霊長類《れいちょうるい》にはさらに抵抗が増すはずだ。猿を食べることには、抵抗があるところは少なくないはずだ。「頭が良い」という理屈《りくつ》を添《そ》えることで、そのようなイメージの世界の中に、鯨を組み込んだ輩《やから》がいるということではあるまいか。

ただ、改《あらた》めて調べてみると、それはグリーンピースのような環境保護団体ではなかった。てっきりグリーンピースあたりが、環境問題のシンボルとして持ち出したものかと思ったのだが、さすがにそのような間《ま》の抜けたことはしないか。あるいは、巧妙《こうみょう》に記録に残るようなところではないところで、イメージだけ作り上げたか、それはわからない。

とりあえず、食べること自体は表向き、否定していない。アメリカ政府などと同様、伝統的に捕鯨《ほげい》をして、それを食べてきたグリーンランド、アラスカなどの先住民《せんじゅうみん》の生存のための捕鯨は認めるという立場である（アメリカ政府も、日本人の食のための捕鯨は否定しても、自国の先住民が食べることは否定していない)。ウィキペディアの記事を見るまで、そのような論点まであるとは知らなかったが、捕殺《ほさつ》の仕方《しかた》が残虐《ざんぎゃく》かどうかという問題まであるとか。引用《いんよう》してみると……。

一般の食肉用家畜の屠殺《とさつ》においては専用の道具(主《おも》に屠殺銃《じゅう》)および炭酸ガス麻酔《ますい》法を用いた安楽死《あんらくし》が行われるのに対し、捕鯨においてはそういった専用施設《しせつ》内での殺処理《さつしょり》が行えない。そのため、致命傷《ちめいしょう》を与えそこなった場合には失血《しっけつ》などによって死ぬまで長い時間がかかる場合があり、こういった方法とならざるをえない捕鯨に対して倫理《りんり》的な批判が加えられる場合がある。この争点は、しばしば「牛や豚を食《く》うのも鯨を食うのも同じだ」という主張に対する反論として、「家畜類を殺すこととクジラを殺すこととの違い」として位置づけられる。

というわけである。まあ、あまり真面目《まじめ》にコメントする気もしないが、そういえば、オーストラリアのニューサウスウェールズ州、つまり、シドニーのあたりでは、エビ、カニのような甲殻類《こうかくるい》の殺し方にも規制があった。確か、水から入れて徐々《じょじょ》に熱くしたりするのは長く苦しめるからダメで、一思《ひとおも》いに即死《そくし》するようにしないと……だったか。

アングロサクソンの一部に、あるいは動物愛護《あいご》団体の一部には、このような発想があるようだ。こんなことを真面目《まじめ》に考えている人たちがいるということですな。

ともあれ。

食文化の問題として鯨を考えると、「文明の衝突《しょうとつ》」のようなものである。

独自の食文化の問題であるから、違う価値観にとやかく言わないでほしいという日本などの捕鯨国《ほげいこく》、食べている側の論理。

文化という個別の価値観の問題ではなく、より普遍《ふへん》的に環境や動物虐待《ぎゃくたい》のような文明の問題だということにしたい反捕鯨国の論理。いや、それを論理と言えるか心許《こころもと》ないが……。

ヒンドゥー教徒など多くのインド人にとって、牛は聖なる生き物であり、食の対象ではない。それはインドの宗教や思想をバックボーンとした価値観である。

さて、その思想は普遍《ふへん》的なものであり、だから、「牛は食べるものではないのだ」と世界に訴《うった》える。

賢明《けんめい》な（？）インド人は、そのような行動はとらない。自国に牛肉のハンバーガーの店でも出店されれば、それに対しては不快感を示すだろうが（実際あったような覚えがあるが、あれはアメリカ式ファストフード店に対する反発だったか？）、それ以上のことはしないだろう。

反捕鯨国が、あるいは反捕鯨の団体、人々が「食べるな」と言っていることは、インド人が牛についてやるはずはない、自分の理屈《りくつ》の押しつけではないか。

「食べる」という側にいる私には、そのようにしか見えないのだが、そして、それを覆《くつがえ》す理論は、今のところ見いだせない（減《へ》っているから、保護しなければという話以外は。そして、減っているのか増えているかも、立場の違いで判然《はんぜん》としない、互《たが》いに納得《なっとく》できないというあほらしさ）。

というわけで、もうちょっとゆっくりと考えてみたいと思っている。下関《しものせき》やら能登《のと》に出かけて、美味《おい》しい鯨でも食べながら。

そうそう。蛇足《だそく》。先《さき》のウィキペディアには、このような記述もあった。

「太平洋戦争が始まると、捕鯨は一旦《いったん》中止されるが、日本の敗戦により戦争が終結すると、進駐してきた米軍《べいぐん》主体のＧＨＱ（連合国軍総司令部《れんごうこくぐんそうしれいぶ》）は、国民総栄養失調《しっちょう》状態の日本の食糧《しょくりょう》事情を改善するため、大量かつ容易《ようい》に確保が可能な蛋白源《たんぱくげん》としてクジラを挙《あ》げ、捕鯨を推進した。そのため、南氷洋《なんぴょうよう》での本格的な捕鯨が復活し、これは昭和中期まで続いた」。

おいおい。ぼくらの世代に、脱脂粉乳《だっしふんにゅう》とともに鯨の竜田《たつた》揚《あ》げなど食べさせ、その味を覚えさせたのは、もとをただせばアメリカだったのか？

それってマッチポンプ、つまり自分でマッチで火をつけて、自分でポンプで消して利益《りえき》を得るアメリカの身勝手《みがって》ではないか。日本の鯨も中東のテロの問題（たとえば、イランに敵対しているからと、かつてのフセインのイラクを援助していた）も同じなのか？

下関《しものせき》の寿司屋の鯨の刺身。
こんな美味しいものを「食べてはいけない」なんて……。

ペットはなぜ、食べない？

それをはじめて見たのは、三十年ほど前だったか。韓国《かんこく》、ソウルの路上の市場《いちば》。ふつうのどこにでもあるような市場。そこには、見慣《な》れぬ肉の塊《かたまり》が売られていた。毛を焼いたためか、表面は黒焦《こ》げのような状態。内臓《ないぞう》を抜いた筒切《つつぎ》りのようなもの。脚《あし》までそのまま付いていたもので、それが何かすぐに分かった。

犬だ。

日本の一部で馬や山羊《やぎ》を刺身《さしみ》で食べるように、韓国では犬が食べられるということは、私の中にも知識としてはあった。知っていた。

しかし、実際に、肉と化《か》した犬を見ると、不思議《ふしぎ》な感じがしたものだ。違和感は確かにあった。すでに記憶も曖昧《あいまい》なのだけど、たぶん、その時は食べてみようとはしなかったのではなかったか。誘《さそ》われなかったか、断《ことわ》ったかは定《さだ》かではないが。

それから、多くの月日が流れた。ガリガリの青年は太めのウエストを気にするオジサンになった。世界中を食べて歩くことを仕事にしてしまったのだから、あんなものやこんなものも食べてきた。別にゲテモノ食《ぐ》いレポートの本ではないから、その詳細《しょうさい》は記《しる》さないけれど。

ともあれ、あれこれ食べてきて、思うことの一つが、その地でもゲテモノ的扱《あつか》いではあるが、食べられているというものと、誰でも常識的に食べているものとがある、ということである。

そして、ゲテモノ的な扱いというか、ふつうに食べるものとしての扱いではない場合、概《がい》して、精力剤《せいりょくざい》的な扱いとなっているように思われる。日本でもたとえば江戸時代にシカやイノシシを食べさせたももんじ屋など、精の付くものという扱いであったようだが、韓国で犬を食べることは、それに近いものを感じる。中国の広東省《カントン》あたりでは、もう少し、日常的なものとして犬の肉などもあるように思われる。

そうそう。ペットか食べ物か分からないという風情《ふぜい》で、圧倒されたところといえば、何と言っても広州《こうしゅう》の市場だった。しばらく、行っていないし、中国のこの間《かん》の激変ぶりは極端だから、今はどうなのか分からないが、ほとんど動物園かペットショップのようにさまざまな動物が売られていたものだった。

「ペット?」

「食べ物」

犬や猫、あるいはさまざまな野生動物まで眺《なが》めながら、このような会話をどれだけ繰《く》り返したか。それに準《じゅん》じるのがベトナムのハノイだったか。

ところで。

一般的にはペットとして付き合う生き物は食べられないという感覚があるように思われる。少なくとも、私たちにとっては、説明の必要もないくらいに。でしょう？

それはなぜなのか。

この本の中で繰り返しているあれこれの理由からではあるのだが、特にといえば、近親《きんしん》相姦《そうかん》と同じような意識ではないだろうか。

障害《しょうがい》が発生する可能性が高いなどの理由から、どこの文化圏《けん》でも近親相姦はタブーである（ただし、どこまでを近親とみなすかは文化圏によって異なる。いとことの結婚を認める日本の文化を、認めない韓国人には信じられないはずだ。韓国では本貫《ホンカン》というルーツを同じくする同姓《どうせい》の婚姻《こんいん》も認めない）。

兄弟姉妹、あるいは親子など近すぎる関係では、セックスの対象《たいしょう》とはならない。セックス、あるいはセックスを介《かい》した姻戚《いんせき》関係というものも、コミュニケーションである。そのような関係性を介して、人間という社会的な生き物は他者との、さまざまなグループとのつながりの広がりを作り上げているのである。

それと同じように、近すぎる相手を食することはできないという意識が作り上げられているのではないかということだ。身近《みぢか》にいても、食べる対象ではないという意識の共有《きょうゆう》が、仲間（なり家族なり）という意識をさらに強めるのではないか。

「食べてしまいたいほど可愛《かわい》い」などという関係では、実際には、食べられないように。

そういえば、松阪牛を育てている農家に取材に行ったときに、聞いたことがあった。自分が育てている牛が食べられるかどうかと。

ふつうの数多《あまた》いる牧場の牛、ではないのだ。まるで、家族を愛《いと》おしむように、ブラッシングしてやったり、食欲が落ちるとビールを飲ませたりしているのだ。で、その答えは、高値で売れるのは、良い牛を育てたと認められるということでもあり、嬉《うれ》しくはあるが、さて、それを食べるのはやはり抵抗がある……ということだった。

もう一つ思い出した。イランの遊牧民《ゆうぼくみん》を訪《たず》ねたとき、母親がどこに行ったかと見つけられず鳴《な》いている子羊を、母親のところに連《つ》れて行くのだった。遊牧民は大人のみならず、子供でも、どれが母親か一頭《いっとう》ずつ、全部認識しているということだ。何百頭と飼っているのに、一頭ずつ誰が誰だか分かるのである。

そのような付き合いとはいえ、たとえば、私のような遠来《えんらい》の客が来れば、一頭その場で殺して、ご馳走《ちそう》してくれる。

さて、松阪の牛とイランの羊の違いは何なのか。それを食べなくても生きていける、食べずにいられる、食べないと生きていけないという環境、状況の違いか。

我《わ》が愛猫《あいびょう》、ジロー。死んだ後も、ときどき思い出しては「可愛かったなあ」とため息をつく。食べるなんて想像もできなかったが、それはなぜか？家族だから？　ならば、家族はなぜ、食べない？

3

タマネギを食べることは殺すこと？

菜食主義《さいしょくしゅぎ》。あるいはvegetarianism。

日本語にしろ、英語にしろ、誰がそういう呼び方をしたのか知らないが、明らかに間違った言葉だと思う。

その意味するものは「野菜《やさい》（vegetable）を食べる主義」ではないからだ。肉など、ある種《しゅ》のものを「食べない」という主義なのである。いや、もっと正確に言うと、××を「食べてはいけない」という主義であり、そうしている人々だということである。非肉食主義とでも言った方が、よほど本質を突《つ》いているということだ。

ただし、そこにはまた複雑な問題が控《ひか》えている。何を「食べないか」「食べてはいけないか」が非常にややこしいのである。

たとえば……。かつて私が菜食主義料理修業《しゅぎょう》をさせてもらったインドはジャイプルのジャイナ教徒《きょうと》の一家。

ジャイナ教は菜食主義に関《かか》わるインドの宗教の中でも、もっとも厳格なことで知られる。その家のベテランの方《ほう》の主婦《しゅふ》はニンニク、タマネギを料理に使わなかった。なぜだか、お分かりだろうか？

そう。ニンニクやタマネギの食べる部分を考えてもらえばお分かりのとおり、「それを食べてしまえば、その植物を殺してしまう」ということである。そういう発想なのである。

では、ジャガイモは？　あるいは稲や麦のような穀物《こくもつ》、豆や野菜は？

ジャガイモの場合、土の下であることは同じだが、それを食べても、その植物を殺すという理屈《りくつ》にはならない。穀物や豆、しかり。殺すことなく、植物の一部を分けてもらうということが可能なものを食べるというわけである。

「食べてはいけない」という以前に、「殺してはいけない」なのである。

それを象徴《しょうちょう》するように、ジャイナ教徒でもっとも厳格な発想を貫《つらぬ》けば（というのは、そういう人々もいるということだが）、夜には料理をしてはいけないのだ。

その理由というのが、飛んで火にいる夏の虫……。

夜に火を焚《た》いたら、虫が飛んできて、焼け死ぬではないかというわけだ。だから、そうならないように料理も明るいうちにというわけ。

あるいは、ジャイナ教徒の修行者《しゅぎょうしゃ》など、マスクをしているのだが、それは虫が口に入ってきて、死んではいけないということである。歩くときも、踏《ふ》み殺さないように、用心《ようじん》しながら歩く。といっても、まあ、現実的には踏んづけたりして、殺していると思うけど、理念としては、そういうことだ。

何ものも殺さないで生きるという理念。

このジャイナ教を筆頭《ひっとう》に、仏教やヒンドゥー教でも、「菜食主義」があるある。

勘《かん》の良い読者は、なぜ「その家のベテランの方の主婦は」などという言い方をしたのか、厳格な発想を貫《つらぬ》けば、などと書いたか、お分かりかと思う。

そのジャイナ教徒の家庭でも、息子夫婦《ふうふ》はタマネギもニンニクも使わないというほど、厳格ではなかった。肉や魚、卵など動物性の食品（乳製品を除《のぞ》く）は食べないが、菜食については、タブーはない。というか、母親が一緒《いっしょ》の場合は、彼女の「タブー」が優先《ゆうせん》されるが、そうでない場合はニンニクなど気にせず使うということである。

つまり、食べるという行為《こうい》において、動物を殺すことは忌避《きひ》しているが、母親と違って、植物については気にしていないということだ。

「食べてはいけない」とは関係ないかとも思われるが、ついでにいえば、両親は酒を飲むなんていうことはありえない。

　そのお宅《たく》に居候《いそうろう》するにあたり、酒なしに生きるのはつらい私が、まあ、厳格な菜食主義者の家ではそのようなものであろうと思い、当座《とうざ》はアルコール抜きを覚悟《かくご》して赴《おもむ》いたのだ。

「飲んではいけない」と。

　ところが、その息子の方《ほう》に、夕暮れ、ちょっと出かけないかと連《つ》れ出されたところが、メンバー制のクラブ。出てくるのはビール……。たまにはビールくらいはね、と笑う。

　酒の話はともかく、菜食主義に関わる「食べてはいけない」には程度の差が存在するということである。

　一家の中での世代の差でも存在するが、それ以上に同じように語られる菜食主義者の中にも、程度の差があるということだ。

　前述の例以外でも、たとえば……。

　タマネギ、ニンニク云々《うんぬん》の一家の場合は、乳製品はふつうに食べていた。というよりも、それがメインのタンパク源であり、脂質《ししつ》もそれで摂《と》っていた。かなりの富豪《ふごう》の家なのだが、その両親の隠居《いんきょ》の家（というか、町の外に建《た》てた別宅）では、その近くの農家に運転手を行かせて、毎日、搾《しぼ》りたてのミルクを買っていたほどで。

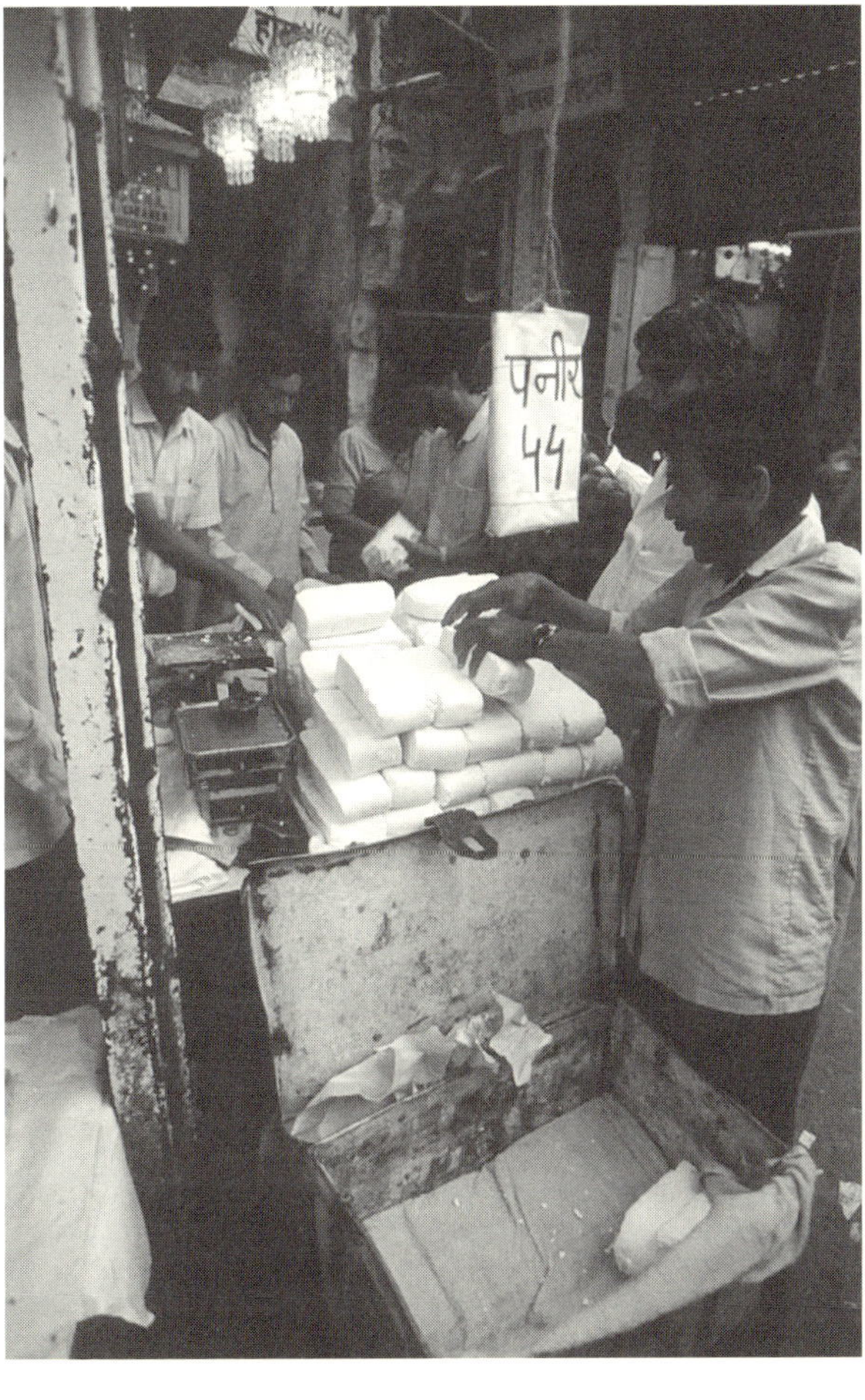

フレッシュチーズ。
インドのヴェジタリアンには必要不可欠《ふかけつ》な食品。

その乳製品も摂《と》らないという「菜食主義者」もいる。これは、インドで見聞きした例ではないが（もしかしたら、あるのかもしれないが、私が見聞きしたかぎりでは、ない）、動物の「分け前」をぶんどるのは違うという発想のようである。まさに、菜食主義ということか。

エッグ・ヴェジタリアン。卵までは食べるという菜食主義。これも、実は二種類ある。有精卵《ゆうせいらん》は食べない（つまり、生きているから……）という場合と、そういうことは関係なく卵は食べるという場合。

フィッシュ・ヴェジタリアン。動物の肉は食べないが、魚まではというもの。これも、インドよりも欧米《おうべい》で見かける発想である。ちなみにインドではヴェジタリアンでなくても、川魚は食べないという話を聞いた。バラナシの場合が有名だが、インドでは、死者を焼いたうえではあるが、川に流すという習慣がある。川魚は、その死者を食べるというわけ。その食物連鎖《しょくもつれんさ》の続きは食べられないというわけ。

さて。

というわけで、こう書いただけで、どれだけ、いわゆる菜食主義の関連でややこしい「食べてはいけない」があるか、お分かりいただけると思う。

なぜ？　を問うにしろ、ややこしすぎるのである。ある種《しゅ》の限定をしてでないと、「なぜ、食べてはいけないのか？」というお話もできないのだ。

そのややこしいお話、少しだけ、考えるところを書いておくと、いわゆる菜食主義がインドで発達したということにヒントが隠されているように思っている。

もちろん、日本にだって精進《しょうじん》というものがあるし、中国にだって、ベトナムにだって菜食主義はある。西洋でも、たとえばトルストイであるとか、あのヒトラーもそうだったとか（ただし、ヴェジタリアンの団体は弾圧《だんあつ》したとか。そういうものが存在したということでもあるが）、今でも生きているミュージシャンや俳優《はいゆう》でも数多くいる。

しかし、常時《じょうじ》菜食主義を貫《つらぬ》く人々の数の多さ、人口における割合など考えると、インドほど徹底《てってい》しているところはないと言えるだろう。

それがなぜかといえば、それが可能な食文化のシステムを作り上げたからこそ、そのような思想も育ったのではないかと思うのだ。まあ、卵と鶏《にわとり》の話と同じで、そのような思想が育ったから、肉食を否定した食の文化も発達したとも考えられるが、どちらかというと、この地で発達した食文化のうえに、菜食主義という思想も花開いたと考えている。

それが、穀物《こくもつ》と豆、乳製品を中心とした食の文化である。

デリーの路上のスパイス売り。
　スパイスを大量に使うことも、菜食が可能であることの一つの理由だ。

ジャイプルの豆売り。
色とりどりの豆。それだけ種類豊富であり、肉食なしでも生きていけることのもう一つの理由がこの存在。

グルテン肉の偽オイスターソース炒め

なぜ、菜食主義では肉を「食べてはいけない」ということになるのか。
特にインドのヴェジタリアンの世界で。
それについて書こうとしていたのだが、考えが変わった。
というか、その前に触れておいた方が良い話を思い出した。そちらを先にしたい。
中国の菜食主義の話である。

話の前に……。
次の写真、何だかお分かりだろうか。

①はカラスミ、つまり、ボラの卵の加工品に見えるでしょう？
②はちょっと苦《くる》しいか。一応《いちおう》、鶏の肉の「つもり」。
③は、アワビ入りの料理……。
そして④、魚のあんかけである。

117

タマネギを食べることは殺すこと？

③

④

「つもり」が何かはお分かり、ですね？　話の展開から、ネタバレでありましょう？
そう。カラスミもどき、鶏肉もどき、アワビもどきに魚もどきなのである。

もともと、小麦粉などに含《ふく》まれるグルテンであったり、湯葉《ゆば》であったり、あるいはコンニャクを凍豆腐《しみどうふ》のようにして（というのは、氷結《ひょうけつ》するような寒い土地で、冬の間にコンニャクを外に出しておくと、水分が凍《こお》って外に出る。昼間溶《と》けて出て……ということを繰《く》り返すと、独特の食感のものになるという技法）、それでイカもどきを作ったりもする。戻した干《ほ》しシイタケに渦《うず》巻《ま》き状に包丁《ほうちょう》を入れ、たれに浸《ひた》しておいてから、片栗粉《かたくりこ》をつけ、揚《あ》げた豚肉もどきなんてものもある。

今では、そのまま（ふつうの肉や魚のように）食材として売っているものまである。こんな具合だ（次ページ⑤）。

日本にも輸出《ゆしゅつ》されているのか、日本語まで見えるが、とにかく、ハムもどきですな。

こんな肉もあれば、こんな姿のものもある（⑥）。この魚もどきのようなものを揚げて、あんかけにしたのが前の④の料理というわけだ。

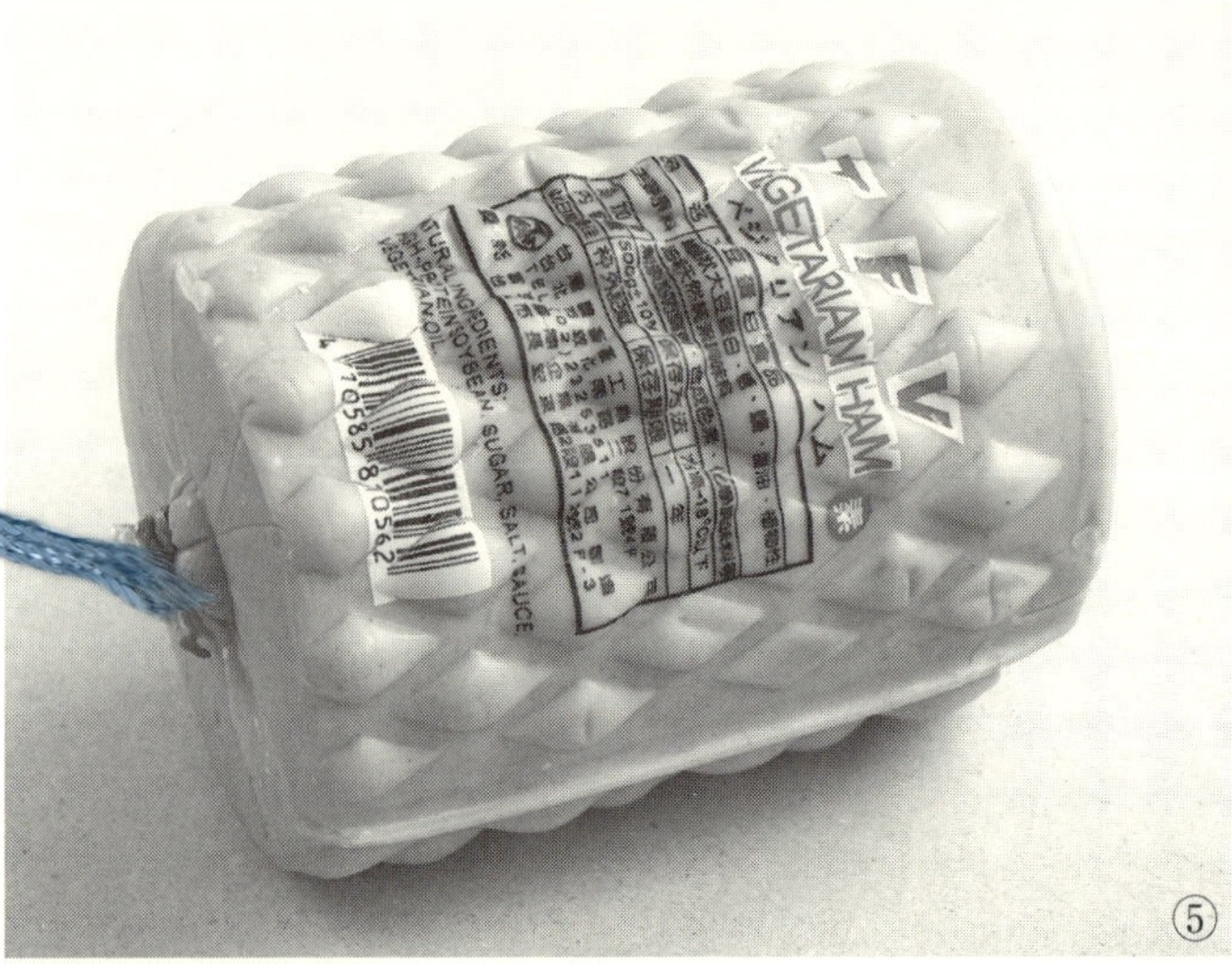

⑤

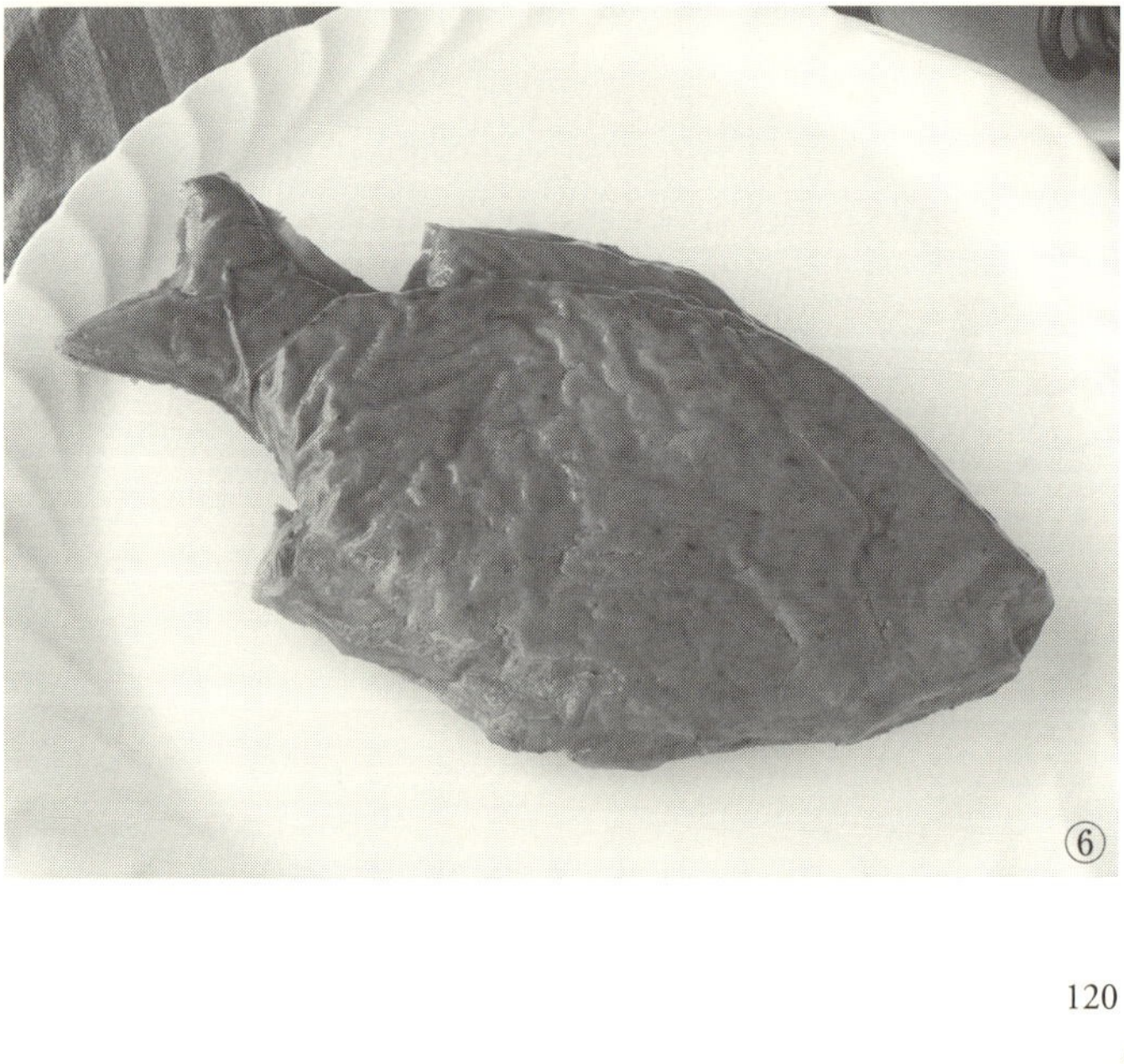

⑥

⑦

⑧

そうそう、スーパーで、チキンナゲットもどきも見つけた。買って帰ったら、揚《あ》げるだけのヴェジタリアン・チキン。

⑦は春雨《はるさめ》だが、同類のインスタント麵《めん》でも、「素食」と書かれたものがある。ヴェジタリアン・ヴァージョンだということだ。

調味料でも、こんなものまである（⑧）。精進《しょうじん》のオイスターソース。牡蠣《かき》を使って作るものであるから、精進など形容矛盾《むじゅん》のようなものであるが、それが存在するわけだ。

このようなものを使って、まるで、ふつうの中華料理のようだけど、精進というものが作られるというわけ。そういうものが存在しているというわけ。

レストランだけではない。というか、レストランも精進専用のものもあれば、そういうメニューを出すというところもある。それだけでなく、「自助餐」というようなもの、つまり、セルフサービスのお惣菜《そうざい》屋か、食堂のようなところだが、その手でさえ、少なからず精進《しょうじん》専用のところがあるのだ。

それがたとえば写真の⑨。並ぶ料理はすべて、精進である。数は少ないが、屋台《やたい》でさえ、見つけた⑩。

⑨

⑩

医食同源《いしょくどうげん》という発想、思想は中国にもインドにもある。肉を「食べてはいけない」という発想、思想もすでに見たように、インドにも中国にもある（そうそう、説明が不足だったかもしれないが、台湾の事例《じれい》をあげたけれども、同様のものが中国の方にも、香港《ホンコン》などにも多々ある）。

その歴史、つながり、違いなど言い出せば、書きたいことがいっぱいある。それだけで一冊になるくらいの、いや、一冊では収《おさ》まらないかという話である。

ここでは一つだけ、指摘《してき》しておきたいと思う。

中国には、そして、その影響からはじまった日本の精進には「もどき」の発想があるが、インドにはない、ということである。

それはなぜか？

多くのインド人のように生まれたときから、ずっとヴェジタリアンであった人々、「動物が食べ物である」ということを考えたこともない人々には「もどき」という発想はありえない。しかし、肉を肉として、食べ物として知っている人間が、それを「食べてはいけない」ということを強《し》いる、あるいは共通認識とする場合に、そのような発想が生まれるのではないか、ということである。

台湾などの例のようにふつうの暮《く》らしの中では肉を、魚を食べていた人々が、仏門《ぶつもん》に入り、僧侶《そうりよ》となったところで「食べてはいけない」となると、かような発想も生まれるのか。僧侶とならずとも、法事《ほうじ》の際などに精進料理をいただくとなると、肉代《が》わりの何かがないものかという方向に思考《しこう》が行くのではないかということだ。

そのようなことから、「もどき」の食が生まれ、発達した。そのように思われるのだけど、いかがだろうか。

なぜ、バリ島のヒンドゥー教徒は牛肉を「食べてはいけない」ではないのか?

インドネシアのバリ島。このリゾートとして、観光地として名高い島は、ヒンドゥー教徒《きょうと》の地でもある。イスラム教徒が圧倒的多数を占《し》める国で、例外的にヒンドゥー教の地なのだ……。

ガイドからそんな説明を受けながら、遺跡《いせき》や博物館、寺院《じいん》などを見て回っていて、奇妙《きみょう》なことに気づいた。

インドのヒンドゥー寺院は神像が祀《まつ》られた建物なのだが、バリ島では塔《とう》なのである。それも、おそらくは玉座《ぎょくざ》と思われる椅子《いす》が一番上に置かれた、奇妙な塔なのである。インドを旅慣《な》れた身にも、それと説明されなければ、とてもヒンドゥー寺院とは思われないようなものなのである。何か別の新興《しんこう》宗教のものか、それにしては歴史がありそうだなと不思議《ふしぎ》に思われたものだったのだ。

この違い、あるいは変化は何なのだろうとあれこれ文献《ぶんけん》を探《さが》して調べてみると、以下のような説明を見つけた。

「太陽神スリヤはインドでは神像として崇拝《すうはい》されるが、バリでは神が降臨《こうりん》してくるとされる座である。古代インドネシアやポリネシアでは神を祀《まつ》るところは常に壁で囲み、中に石を立てた開いた空間だった」（高島淳「ヒンドゥー文化としてのバリ」、吉田禎吾監修『神々の島バリ』所収、春秋社、一九九四）

とある宗教なり思想なり、技術なりが、他の場所に受け入れられる過程で、変質《へんしつ》を遂《と》げることは珍《めずら》しくない。こと宗教に限ってみても、たとえば南米のキリスト教では、その土地に以前からあった地母神信仰《じぼしんしんこう》と母なるマリアが結びつき、父なる神の厳格な宗教という本来的なキリスト教の性格から変容《へんよう》を遂《と》げた。マリア観音《かんのん》などというものが存在した、日本のキリスト教にもそのような面があると言えるだろう。

バリのヒンドゥー教でも、ヒンドゥー以前の（アニミズム的）宗教と合体《がったい》して（人類学の用語でいう、シンクレティズムを起こして）、変容を遂げた部分がある、ということなのだ。

この本のテーマに関わることでも、興味《きょうみ》深い点があった。ヒンドゥーなのに、牛肉に対するタブーがないのである。食べてもいいのだ。

レストランでもふつうに牛肉が登場する。この国の名物のサテと呼ばれるスパイシーな串焼きでも、牛肉のそれは、インドネシアの他の島々同様、鶏や羊のサテとともに、一般的なメニューなのである。

ふだんは農耕《のうこう》に使われ、儀礼《ぎれい》の際に供物《くもつ》として殺されたりもするという。イスラムに限らず、インドでも一般に食されない豚も、バリでは普通に食べられている（ただし、同じインドネシア国内でも、他の島のイスラム教徒は、他の国々のイスラム教徒同様、豚肉をタブーとしている）。

牛の殺生《さつしょう》、食用にすることのタブーと並んで、インドに特徴《とくちょう》的な菜食主義《さいしょくしゅぎ》はないのか、と知り合ったバリ人に聞いてみた。すると、特別な僧侶《そうりょ》階級は菜食を実践《じっせん》しているが、菜食のレストランもなければ、それ以外の普通の人々が菜食をするということも、あまりない、という。

バリ島にはブラーフマナ、サトリア、ウェシア、スードラという四つのカスタ（＝カースト）がある。インド式にいうと、バラモン、クシャトリヤ、ヴァイシャ、シュードラである。それに対応《たいおう》するものがある、ということである。で、人口の九〇パーセントはシュードラ＝スードラ。ただし、アウトカースト＝不可触賤民《ふかしょくせんみん》は存在しないし、インドのように

インドネシアやマレーシアの名物料理、サテ。
羊、牛、鶏が一般的で、イスラムではないタイでは、豚のサテもある。本文にもあるように、バリはヒンドゥーではあるが、牛のサテもふつうにある。タブーではない。

そのカーストが厳密《げんみつ》に職業と対応しているということもない（インドのカーストは単純に身分制度というものではない。職業と結びついて、その職業で食べていけることを保証《ほしよう》するシステムのような面もある）。

バラモン＝ブラーフマナ階層《かいそう》を構成《こうせい》するのが、プダンダと呼ばれる祭司《さいし》たち。実際に祭司として活動しているのは、現在、二、三百人という。そのバラモンに当たる人々が菜食を実践《じつせん》しているということなのだが、それにしても、絶対数が少なく、調査するだけの余裕《よゆう》のある滞在《たいざい》はしたことがないので、その数少ない祭司たちが、どのような菜食を実践しているのかは、まだ分からない。

ただ、インドのようには菜食主義というものが、このバリの地に根付いていないことは間違いない。肉を「食べてはいけない」という思想は根付いていないということだ。

ヒンドゥー寺院の形の違いから発した好奇心《こうきしん》であったが、それにしても、インドの食思想のキーワードとでもいうべき、菜食という思想も根付いていなければ、聖《せい》なる存在である牛を殺さないという、根本的な部分と思われる発想も受け入れていないということは、どういうことなのだろう。

バリの事例は、もっとも極端な形で東南アジアとインドとの関わりを示しているが、それ以外の場所でも関係は深い。

たとえばアンコールワットやボロブドゥールのような東南アジアを代表する遺跡《いせき》は、インド文明との関係抜きには語れない。当初はヒンドゥー教の寺院として、後には仏教《ぶっきょう》（これとてインドの影響である）の寺院として存在したということ自体が、インドの影響を示している。

東南アジアでよく見かける影絵《かげえ》の物語はインドのラーマーヤナ。クメール（カンボジア）やタイの文字はインドのパーリ語の影響である。それ以前に私たちが漢語《かんご》を受け入れ、日常の会話にも用《もち》いるように、パーリ語の語彙《ごい》が抽象概念《ちゅうしょうがいねん》などを表わすものとして生きている言語も多い。

東南アジア歴史研究の礎《いしずえ》を築《きず》いたフランスの歴史学者、セデスは「インド化された国々」という言葉を用《もち》い、王権の思想までインド伝来《でんらい》のままであるという言い方をしている。さすがに部分的には現在では否定されているようだが、それにしても、東南アジアがインドの圧倒的な影響下にその文化を築いてきたことは間違いない。そう、日本や朝鮮《ちょうせん》半島が、中国の影響を受けたように、東南アジアはインドの影響を受けたのだ。

それなのに、ヒンドゥー教が今も息づくバリにしても、インドに特徴的《とくちょう》な菜食主義という食の文化は根付いていない。

それはなぜかと、前に述べた中国の精進《しょうじん》の例なども合わせて思い返し、考えてみると、「食文化の体系」という問題かと思えてくる。

東南アジアは日本以上にお米の国である。ただ、米だけではない。基本となるのは米と魚（の保存食）である。東南アジアでは稲作《いなさく》とセットになって食の体系ができあがったといえる。

米を水田で作る。そのためには灌漑《かんがい》が必要となる。川から用水路をつなげ、水を引く。そうすると、そこに魚が入り込み、育つ。それを米と一緒に食用とする文化が育ったということだ。それが、シオカラであり、ナレズシである。シオカラは説明不要だろうが、ナレズシは前に登場したフナズシのような長期保存して発酵《はっこう》させたスシである。最近ではすっかりお馴染《なじ》みになった、ナムプラやニョクマムのような魚の醤油《しょうゆ》もその仲間であるという話もすでにした。

つまり、東南アジアでは食の基本の基本の部分に、魚という生臭《なまぐさ》ものが組み込まれてい

タイ、バンコク郊外《こうがい》の水田地帯。用水路で魚をとる。

るのだ。ヴェジタリアンであるということが、いかに難《むずか》しいか、分かるだろう。

ちなみに、この魚の保存食文化は東アジア、つまり、中国や日本にも存在する。しかし、基本とは言い難《がた》い。

東アジアでは、米の水田、あるいは畑の畦《あぜ》などに大豆《だいず》を植えたりした（畦豆《あぜまめ》という）ことに象徴《しょうちょう》されるように、米と大豆がセットといえるような組み合わせになった。

なぜかと言えば、気温の高い東南アジアでは大豆を麹《こうじ》とともに発酵《はっこう》させたりする味噌《みそ》などの文化は（温度コントロールが）難しかったなどというようなこともあるようだが、ともあれ、気候風土《ふうど》の違い、育った文化の違いで、東アジアは米と（あるいは北部など、小麦と）大豆という基本のセットとなった。

大豆《だいず》が味噌《みそ》、醤油《しょうゆ》、豆腐《とうふ》、湯葉《ゆば》、モヤシなどとなり、穀物《こくもつ》とともに食の基本となったということである。

で、こちらは、特に日本に顕著《けんちょ》であるが、東南アジアよりも精進《しょうじん》、ヴェジタリアンであるということが比較的容易《ようい》であると言えるだろう。

とはいえ、農家でも残飯《ざんぱん》で豚や鶏を飼うように、肉食も組み込まれてもいる。たとえば中国では肉といえば、豚肉のことを指《さ》すように、暮《く》らしに密着《みっちゃく》している。朝鮮半島も同じだ。日本はより肉食から自由であったとはいえ、平常は魚は食していたから、やはり、精進となると、意識的に「食べてはいけない」と決《けっ》しなくてはならなかった。

ところで、インドである。

インドの食文化の根幹《こんかん》には、搾乳《さくにゅう》の文化がある。牛のミルクを搾《しぼ》り、それを加工してヨーグルト、バター、チーズの類《たぐい》とする。それが南部、沿岸部の米、あるいは北部、内陸部の麦などとともに食の基本となっている。くわえて多様《たよう》な豆がある。肉食をしなくても、生きていくのが容易な食の体系なのだ。

そのような体系ができあがったから、「肉を食べてはいけない」という思想《しそう》ができあがったのか。あるいは、思想が先にあり、それに沿《そ》って、現在のような体系ができあがったのか。

卵と鶏《にわとり》のような話であるが、インドの食の変容《へんよう》の歴史などを眺《なが》めていると、おそらくは前者、狩猟採取《しゅりょうさいしゅ》から農耕《のうこう》という変化のなかで、搾《しぼ》ったミルクを加工して、それと豆、それに穀物《こくもつ》を食べるというシステムができていったから、「食べない」という思想もできあがったのではないかと考えている。

だから、インドでヴェジタリアンであることは容易なのだ。

しかし、そういう前提《ぜんてい》でできあがっていないところでは簡単ではない。

だから、東南アジアでヒンドゥーなどの思想は受け入れられても、ヴェジタリアンの思想と食体系は定着《ていちゃく》しなかった。だから、バリ島の人々は牛を喰《く》う。

中国や日本、ベトナムなどの国々では、寺院など一部では受け入れられたが、インドの食の体系そのもの、システム全体として受け入れられたわけではないから（そのようなことは不可能だったろうが）、日常生活のなかに菜食は定着せず、寺院だけのものとなっている。日常で肉食なり、魚食なりをしている人々の精進《しょうじん》料理であるから、前に紹介したような、「もどき」食品という発想も生まれたのではないか、ということだ。

結局、食も含《ふく》めた思想がいくら入ってきても、それが根付くような環境でなければ、定着はしないのではあるまいか。選択《せんたく》されたうえで咀嚼《ししゃく》され、受け入れられるのではあるまいかということである。

念のためにいうと、インドの豆とミルクとスパイスをベースにした食は、素晴《すば》らしい体系だと思っている。人口問題とのからみでも、もっとも示唆《しさ》するものが多い食の文化体系ではないかと考えている。しかし、それにしても、それが受け入れられるには、それに見合った環境、あるいは風土《ふうど》、という問題が当然ながらある、ということである。

さらに念のために書くと、この文章では煩雑《はんざつ》になるので述べていないが、インドでも場所によって食の体系は根本的《こんぽん》に異なる。ミルクが組み込まれた食文化はどちらかというと、麦作地帯である北インドに特徴的《とくちょう》なものである。そして、ジャイナ教徒など厳格なヴェジタリアンはそちらに多い。

column

モツはどこへいった？

さて、モツを意識して食べるようになったのは、いつからだったか。子供のころはほとんど食べた覚《おぼ》えがない。もっとも、そういったら、同い年の妻《つま》は、子供のころから、鶏の殻《から》ができる前の卵黄《らんおう》などもいっしょの内臓《ないぞう》ですき焼きというのがふつうだったという。生きていたら百を軽く越える祖母《そぼ》が、「タング（牛舌《タン》のことをそう発音していた）は昔から茹《ゆ》でたものを芥子《からし》醤油《しょうゆ》で食べるのが、お正月のご馳走《ちそう》だった」と言っていた。代々《だいだい》、北大、つまり札幌《さっぽろ》農学校の関係者という家柄《いえがら》である。

九州（熊本県の鹿児島《かごしま》との県境のあたり）と札幌の意識の違いなのか。

そういえば、沖縄《おきなわ》では内臓料理は珍《めずら》しいものではない。ブタなど、鳴き声以外はすべて利用するという。実際、豚耳の和《あ》え物《もの》、ミミガーから内臓の汁、中身汁《なかみじる》からなんでもあり、だ。

では、同じように豚肉の名物料理がある鹿児島では、内臓の料理は何があるのかと、探《さが》してまわったことがある。とんこつなどという骨付きの豪快《ごうかい》な料理があるのだから、沖縄のように内臓ものもあるのではと思ったのだ。

ところが、店でもなければ、家庭料理としても何もない。

鹿児島の豚肉食は、一説《いっせつ》には沖縄（琉球王朝《りゅうきゅうおうちょう》）の一部であった奄美《あまみ》を一七世紀に鹿児島、島津藩《しまづはん》の領地《りょうち》としたところからという。豚を食べる文化を持っていた奄美を領土として、以来、本土でも食べるようになったというわけだ。だから、他と比《くら》べると歴史が浅いから、内臓食までは至《いた》っていないと。

あるいは、豚以前に野生《やせい》のイノシシを罠《わな》を仕掛《しか》けて捕《つか》まえたりしていた歴史があるようなのだが、この罠で捕まえたものは、見つけた時にはすでに死んでしまっていることが多く、そうなると、肉はともかく新鮮でないと食べられない内臓は、捨《す》ててしまうことになり、その伝統が豚肉食になっても続いたのでは、という説もある。

だが、私見《しけん》では、屠畜《とちく》関係者、被差別部落《ひさべつぶらく》に対する差別の問題と関係するのではないかと思われる。前述のように肉よりも内臓は傷《いた》みが早い。また、肉食自体に抵抗《ていこう》のある時代が続いたくらいだから、内臓を食することに対する一般の抵抗は強くあった。

そのようなもろもろから、沖縄のように屠畜《とちく》することも普通の民家で、日常的に行《おこ》なわれていた地域、つまり、屠畜と差別が結びついていない例外的な地域を除《のぞ》けば、差別の対象《たいしょう》であった。内臓を食べることは、被差別部落の外に出ることはなかったのではないかということである。たとえば『被差別の食卓』（上原善広著《ちょ》、新潮新書）では、私が書いていることと逆の驚《おどろ》き、つまり、被差別部落の外に、慣《な》れ親《した》しんだ内臓の料理がなかったことを知った驚きについて、書かれている。

つまり、単純に肉食がタブーであったとかいうことではなく、その中でも、複雑な位相《いそう》があったということである。

また、国外に目を転じると、肉食が一般的なところでは、どこでも内臓《ないぞう》も普通に食べられていると思いがちだが、レベルの差があるようにも思われる。

概《がい》して、ラテン系は内臓もふつうである。トリッパ（日本ではハチノスとも呼ばれる牛の第二胃。それをトマトやオリーブ油で煮込《に》んだ料理もそう呼ばれる）など、日本でも一般的になってきた料理をご存《ぞん》じだろう。

ところが、アングロサクソン系、つまりイギリス、オーストラリア、アメリカなど、肉を食べることには熱心ながら、内臓となると、それほどでも……あまり好《この》まれないという違いもある。そして、前掲《ぜんけい》の『被差別の食卓』にも書かれているが、肉は白人が食べて、内臓は黒人が……といった、やはり差別とからむ食状況もあった。

新鮮な内臓を食べる機会さえ持てれば、それがいかに豊かな美味《びみ》であるか、分かるはずなのだけど、それは差別とも結びつきやすい食でもあるということだ。

終章

アナタとはアナタが食べるもの

『どうして、お酒飲《さけの》むの？』

そんなタイトルの絵本を書いたことがある（福音館書店、「たくさんのふしぎ」シリーズ）。絵本自体はけっこうコンスタントに作っていたので、「さて、次はどういう絵本を？」と相棒《あいぼう》の編集者《へんしゅうしゃ》と相談《そうだん》していて、子供が不思議《ふしぎ》だと思うことは何だろう、という話になった。で、実際に、息子やその友達にアンケートをしてみたら、もっとも不思議というのが、お酒だった。

どうして、あんなヘンな臭《くさ》いのものを喜《よろこ》んで飲むの？

ちょっとなめたことがあるけど、ビール、苦《にが》かった。どうして、あんなものを美味《おい》しそうに飲めるの？

飲んだ次の日、頭が痛《いた》いとかいいながら、夜になるとまた飲んでいる……。

何度も同じことをいう。

説教臭《せっきょうくさ》くなる。

偉《えら》そうなことをいつも言っているのに、エッチなことを言ってしまう。

下品《げひん》になる。

なのに、なぜ、飲むの？

そもそも、あの不思議な液体は何なのだ？　というわけだ。


確かに。

日々、酒なしには生きていけぬノンベイ親父《おやじ》には、水か空気のようなものであるから、疑問など沸《わ》きようもないが、言われてみたら、そうかもしれない。

昔、子供だった大人の私たちには、子供の考えることなんか分かっているはずなのに、分かりはしない。ましてや、大人をやったことのない子供には、大人のすることで、不思議はいっぱいあるだろう。

その第一番目の不思議だというのも、分からないでもない。

それでは疑問にお答えしましょうと、絵本を作ったのだ（漫画家の古谷三敏さんと共著。

というか、古谷さんに絵を描いていただき、ダメ親父からレモンハートのキャラクターまでオールスターキャストのレアな絵本なのでありますよ。まだ手に入るかは知らないけれど)。


いわく、酒とは何か。

酔《よ》いとは何か。

そして、ヒトはなぜ、酒を飲むのか……。

というお話だが、その詳細《しようさい》はここでは繰《く》り返さない。

ここのテーマは「食べてはいけない」。

そう。「食べてはいけない」といえば、「飲んではいけない」というものもあるではないか、そう思い、そう言えば、そのようなお話を以前、書いたなあと思い出したのが、これだっていうことだ。

というわけで、ここのテーマに関《かか》わることだけ、書いておこう。


まず、酒ができる場所。あるいは条件。

酒とはアルコールを含《ふく》む飲料であるが、そのアルコールというものは糖《とう》が発酵《はっこう》によって、変化することからできる（穀物《こくもつ》の場合は糖はないが、穀物に含まれているデンプンは酵素《こうそ》の働きで糖になり、それからアルコール発酵させられる）。

「飲んではいけない」以前に、そのアルコール、あるいは酒を作ることができる地域と、そうでない地域、あるいは条件がある。

たとえば、シベリアやアラスカのような極寒《ごっかん》の地では、果実も穀物もあったものではない。イヌイットなど、その地の人々の主食《しゅしょく》が穀物ではなく、肉であることは周知《しゅうち》のとおりだ。発酵させる元《もと》もなければ、発酵自体が起こらない。

というわけで、極寒の地では、酒がもともと存在しなかった（後《のち》に白人から、イヌイットたちにも酒は伝えられたわけだが、もともとの自分たちの文化でないからか、適度な飲み方などできず、アルコール依存症《いぞんしょう》を発症《はっしょう》させたりもしている）。

条件としては可能な地でも、たとえば狩猟採集民《しゅりょうさいしゅうみん》には、酒はない。果実を溜《た》め込むという発想自体、農耕《のうこう》民（以降）のものである。狩猟採集民には、蓄《たくわ》えるという発想はない。

まして、穀物は農耕の産物《さんぶつ》である。狩猟採集民にはありえない。

農耕と定住《ていじゅう》という生活様式《ようしき》を手に入れたところで、人類は酒と出会ったのだ。

そして、作ることは可能である場においても、条件としては可能であっても、「飲んではいけない」という文化がある。代表的なのは、イスラム教の信徒《しんと》だろう。イスラム教成立の過程で、当初、酒は人間に対する恩恵《おんけい》とされていたが、酔《よ》っている者の礼拝《れいはい》禁止となり、さらに酒には利益《りえき》と害悪があるが、害悪の方が大きいとなる。そして、酒は人間の間に敵意と憎悪《ぞうお》をあおり、神を忘れさせ、礼拝を怠《おこた》らせるサタンのせいとして全面禁止されるに至る。

簡単にいってしまうと、イスラムには酒というか、酔いが理性をなくさせることへの拒否感《きよひかん》があるようである。酩酊《めいてい》への拒否感ができていったというべきか。

興味深いことに多くの文化圏《けん》と宗教で、それとは対照的に、酒を飲むこと、酔うことは宗教的な意味合いがある。催眠《さいみん》状態のようなものを、トランスというが、一晩踊《おど》り続けたり、高い山に登ったりすることでその状態になる。

同様に、酒を飲むことによって、酩酊し、トランス状態に入る。それが神やご先祖《せんぞ》様と対話をしたり、非日常の状態になるということで、宗教的な意味合いを持ったりもしているのだ。

あるいは、キリスト教の場合、ご存《ぞん》じのようにワインはキリストの血である。ただ、この場合は酩酊《めいてい》、酔《よ》いという問題ではないように思われる。

ワインの文化が発達した地中海沿岸《えんがん》は、概《がい》して降水量の少ない地域である。なかでも主食となる小麦（パンはキリストの肉……）の栽培《さいばい》に適《てき》した地と、ブドウ栽培に適した土地がある。それらの区分で栽培がされるわけだが、ブドウはその乾《かわ》いた土地で、地中の水分を根から吸《す》い上げ、実《み》に蓄《たくわ》える。それを保存する術《すべ》として、発酵《はっこう》がある。

つまり、水が少なく、質の良くない土地で、ブドウは水を土の中から吸い上げてくれるのだ。しかし、それはそのままではすぐに腐《くさ》ってしまうから、保存する術として、発酵させ、ワインにするというわけだ。

まあ、その発酵の味、アルコールと化《か》しているのを「美味《おい》しい」と思ったのかも、酔いを心地よいと思ったのかもしれないけれど。そのような側面もないとはいわないが、基本的には前述のようなものとして、「キリストの血」というシンボリズムの対象《たいしょう》になっているのだと思う。

この他《ほか》、インドも（そのヒンドゥー教やジャイナ教などの世界も）飲酒には厳格《げんかく》であるところが多い。州によっては、イスラム並《な》みに禁酒であったりする。そうそう、ついでに言えばイスラムでも温度差のようなものはある。

サウジアラビア、イランなどは厳格で、異教徒の酒の持ち込みも（原理的には）認めない。インドネシアやマレーシアのような東南アジアのイスラム国は比較的寛容《かんよう》であるが、そのお隣《となり》のブルネイが原則禁止（ただし、異教徒が持ち込み、ホテルの部屋で飲むくらいは認める）という具合《ぐあい》に温度差があるのだ。

さらにいえば、酒には厳格なところで、マリファナ、ハッシッシなどには寛容《かんよう》であったりもするし、麻薬《まやく》については、国、地域によっても、それぞれのブツについても、対応《たいおう》が違う（日本だって、戦前は麻酔《あさよ》いなどという言葉があり、大麻《たいま》、つまりマリファナなど問題にされていなかったようだが、戦後、アメリカの影響で禁止になったとか聞いたことがあるが、さて？　実際、アヘンは江戸時代からお上《かみ》が禁止しているが、大麻取締法《とりしまりほう》が施行《しこう》されたのは、第二次世界大戦後である）。

そうそう。広辞苑《こうじえん》によると、麻薬は「麻酔《ますい》作用を持ち、常用《じょうよう》すると習慣性となって中毒《ちゅうどく》症状《しょうじょう》を起《おこ》す物質の総称《そうしょう》」であるが、習慣性、中毒症状はもたらしても、麻酔作用をもたらさない薬物もある。アンフェタミンなどの覚醒剤《かくせいざい》がそれだ。

つまり、中毒症状をもたらすヤバイ薬にも、ぼうっとさせちゃうものと、妙《みょう》にしゃっきりさせちゃうものとがあるということである。

麻酔《ますい》も覚醒も非日常。日常とは違う状態。

ということで、それが危険な域《いき》を超《こ》えていると判断されると、近代国家は規制する。まあ、それとて、国により禁止するラインが異なることからも分かるように、どこからかという線引きが難《むずか》しい話ではあるのだが。

とりあえず、酒と麻酔作用を持つ麻薬には通じるところがあるということはご理解いただけるだろう。

そういえば、その覚醒の方《ほう》の飲料もある。たとえば、コーヒー。あるいはお茶、コーラも。カフェイン（アルカロイドの一つ。少量で神経中枢《しんけいちゅうすう》を興奮《こうふん》させ、多量では麻痺《まひ》させる）を含《ふく》む飲料などがそれである。

このあたりの話は微妙《びみょう》な問題を含んでいるので、深入《ふかい》りは避《さ》けたいのだけど、ものによっては少量であれば、あるいは摂取《せっしゅ》の仕方《しかた》によって問題のない量、摂《と》るのであれば、嗜好品《しこうひん》として認められたり、そうでなかったりもする。それも純然たる科学的判断だけでなく、文化の価値観が被《かぶ》さったりもしたうえで、ＯＫであったり、ダメということになったりもしているということだ。

そのあたりの話でもっとも象徴《しょうちょう》的なものが、タバコだろう。

食べたり、飲んだりするものではないとはいえ、喫《きつ》する、嗜好品《しこうひん》であるということでは、同列に取り上げて良いだろうと思われるが、その嗜好品が置かれている立場は、言わずもがなだろう。

このアメリカ先住民《せんじゅうみん》の嗜好品、コロンブス以降、旧世界にもあっという間《ま》に広まったことでも分かるように、そのリラックスさせてくれる鎮静《ちんせい》作用、あるいはその逆の刺激《しげき》を与える作用も好《この》まれてきたものだと思われる。その昔はリラックスさせるために、喫煙《きつえん》を医者が勧《すす》めたりしたこともあったようだ。

ところが、一九二〇年代に喫煙がガンの原因となるという論文が発表され、以来、それが間違いないことが分かってくると、ご存《ぞん》じのような状況になったというわけだ。

個人的な経験を言い出せばきりがない。ちょっと前までは、どこの航空《こうくう》会社でも、喫煙席などふつうにあったものが、いまでは、さて、喫煙を認める会社は存在しているのか？冗談《じょうだん》で、スモーキングエアラインというのを作ったら（もちろん、キャビンアテンダントも皆、喫煙者……)、儲《もう》かるのではないかという話があるほど。

そんな話はともかく、とある食べ物、嗜好品《しこうひん》が「どのように見られているか」が、どう変化したかを考えるのに、タバコは一番の教材ではないか。

つまり、今はプラスのイメージで語られているものだって、もしかしたら、タバコの二《に》の舞《まい》となることだって、ないではないということだろう。

「アメリカは二十世紀、宗教の名の下《もと》に飲酒を禁じ(禁酒法時代)、今また科学の名の下に喫煙を禁じようとしている……」

かようなことを言いつつ、すぐに火をつけるのが、国立民族学博物館の前《ぜん》館長、石毛直道先生。食文化と言う学問では私淑《ししゆく》している師匠《ししよう》であるが……。「先生、少し控《ひか》えられた方がお体のためにも」と常々《つねづね》言って嫌《きら》われるのだが、まあ、その理《り》屈《くつ》も一面の真実ではないこともないような……。煙《けむ》たいのと、(最近の軽いタバコは特に)臭《にお》いが酷《ひど》いのが、いやなのだけど。


話を食べる、食べないという方に戻そう。

「食べてはいけない」というテーマで書いてきて、あれやこれやと考えることはあるのだけど、その考えている最中《さいちゅう》にふと思い浮かんだ言葉がある。何かの本で見つけた、こんな言葉だ。

You are what you eat.

アナタとはアナタが食べるもの。食べたもの。食べてきたもの。

だからこそ、原理的には、生物学的には食べられるものであっても、それと同一化《どういつか》したくない、それを取り込みたくはないという有り様《あよう》、考え方、そして、そこから連《つら》なる哲学《てつがく》的だったり、宗教的だったりの思考というものがありうるのではないか。

アナタが食べたものが、アナタの血となり、肉となる。

そんなことは言われなくても分かっているはずだ。

いや、言いたいことは、おそらく思われていることよりも、もう少し、深い層での話である。最近の科学的な研究では、一般の私たちが思うよりも、もっと深い意味合いで、食べたものはアナタや私を作っているようである。

爪《つめ》とか毛、表皮《ひょうひ》などは実感としても、食べたものから形成され、入れ替わっていくと分かる。実感する。血や肉、あるいは悲しいことではあるが、欲《ほ》しくもないのについてくれる脂肪《しぼう》なんぞも、そのようなものと分かるはずだ。いっぱい食べたなあと実感することが続くと、まさに体重計の実感として、それが分かる。

だが、それだけではなく、たとえば、骨であったり、脳であったり、内臓《ないぞう》であったりも、実は日々、入れ替わっていくものであるらしい。同じ分子《ぶんし》、あるいは育ってしまったら、同じものであるということではなく、新しい細胞《さいぼう》と日々、入れ替わっていっているというものらしいのだ。私たちが持っているのは、肉体の実感というよりも、ＤＮＡ情報を再生産して、ずっと形成していっている枠組《わくぐ》みのようなものであるらしい。『生物と無生物のあいだ』（講談社現代新書）など福岡伸一氏の一連《いちれん》の著作など読むとそれを実感できるはずだ。

つまり、実感よりもずっと深い意味合いで、私が食べたものが私なのだ。アナタが食べたものがアナタなのだ。

どのくらいの深さまで、かような実感があるかはともかく、口に入れても良いと思うもの、思わないものという嗜好《しこう》、あるいは文化の判断の後には、その口に入れたものが自分自身に、あるいは自分の一部になるという実感から、さまざまな意識が、文化が出発しているのではないかと、そんなことを感じるのだ。

もとより、精力絶倫《せいりょくぜつりん》といわれるオットセイのオチンチンを食べても、そっちが強くなるわけでもない。ノーベル賞学者の脳みそを、オリンピックのゴールドメダリストの筋肉を食べても、賢《かしこ》くなったり強くなったりするわけがない。食べたものは、いったん、体の中で分解され、栄養素《そ》として摂取《せっしゅ》されるので、賢い奴《やつ》だろうが、そうでなかろうが、まったく関係がない、らしい。

しかし、そのような感覚の対象《たいしょう》（人食いの話をしているわけではない。あくまで、イメージだ）であったり、好《この》ましいと感じる対象であったりすれば受け入れるというところがあるのではないか。

そして、その逆もある。

そこに、「食べる」「食べない」の溝《みぞ》があるように思われるのだ。

身土不二《しんどふじ》。

食べたものがアナタと書きながら、そんな言葉も浮かんでくる。もとより、人は大昔から交易《こうえき》をしていた。自分の近場でできた、取れたものばかりでなく、遠方《えんぽう》からもたらされるものを食べていた。干物《ひもの》などの保存食品が発達したのも、そのようなことにもよる。とはいえ、基本的には身近《みぢか》なところでできたもの、取れたものを食べてきたのだ。だからこそ、アナタの身体とそれを生み、育てた土地は分けられぬ、土地の食べ物は身体によいともいうのだ。土地で産したものを土地で消費するという言葉、地産地消《ちさんちしよう》というようなものも生まれたのだろう。

食べられそうなもの、他所《よそ》の人々は食べているものを「食べない」「食べてはいけない」というタブーは、どのようにして作られたか分からない。それが作られた過程がブラックボックスの中の食べ物を忌避《きひ》するシステムとしても、働いているのかもしれないと思う。

身近といえば、究極《きゆうきよく》の身近な存在、ペットをなぜ食べないかという話から、それはセックスの話でいえば、近親相姦《きんしんそうかん》に通じるのではないかと先《さき》に書いた。思えば、食べるという行為《こうい》以外で、他者《たしや》を自分の中に受け入れることといえば、セックスではないか。

わが身を成長させたり、生きながらえさせたりするために食べるということ。わが子孫《しそん》を残すために、性的な交渉《こうしよう》を持つということ。

食と性はヘタをすると、強引《ごういん》な連想《れんそう》ととられかねないが、やはり、相通《あいつう》じるものがあるように思う。片方の問題を考えるときに、ヒントを与えてくれるものではあると思う。

「食べない」「食べてはいけない」ということにからめれば、やはり、「セックスをしない、してはいけない」という対象《たいしょう》は何かという話だ。

一つは拒絶《きょぜつ》だろう。

つまり、そんな相手と性的な関係は持ちたくない、という拒否《きょひ》である。

そして、もう一つが、身近すぎて、性的な関係などありえない、想像できない……。

汚《けが》れているから、汚らしいものであるから、食べない。食べられない。

聖なる存在であるから、食べない。食べられない。

という具合に、同じようなことがあるのではないかということだ。

近親相姦というタブーが必要であるからこそ、結婚《けっこん》でつながる関係は、社会は広がっていく。

「××を食べない」を共有《きょうゆう》することは、価値観を同じくする社会のメンバーであることの再確認か。

「食べてはいけない」は、ヒトがヒトである故《ゆえ》の問《と》い、タブーのようにも思われる。

我《われ》、食べる。
故《ゆえ》に、我在《あ》り。
我、食べぬ。
故に、我在り。

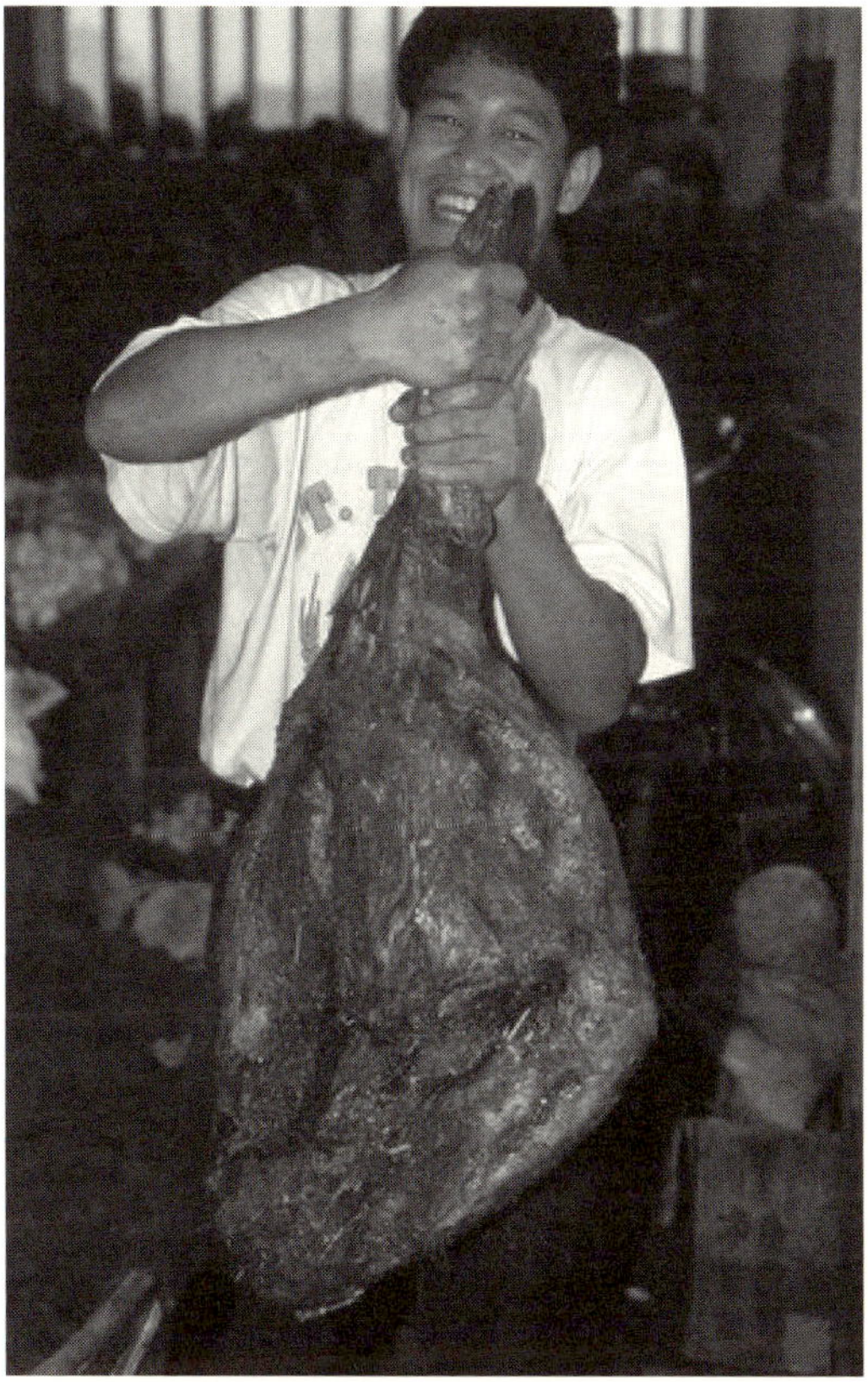

えっ？　食べてはいけないって？

ダイエットから思った、食べるということ。

×月×日
朝飯。

ベーコンとキャベツのスープ。（息子のために作った）粉チーズ入りオムレツを一口だけ味見（卵を控《ひか》えろと医者に言われて……）。トースト一枚（バターをやめてマーガリン少々）。少しミルクだけを入れたコーヒー。

昼飯。

釜《かま》揚《あ》げウドン。前夜の残り物のテンプラ、ナス、イカ、かき揚げなど一緒に。煎茶《せんちゃ》。

夕食。

カツオとトビウオの刺身《さしみ》（特売《とくばい》になっていた）。冷《ひ》や奴《やっこ》。小松菜《こまつな》のおひたし。タケノコの煮物（常備菜）。油揚げと大根の味噌汁《みそしる》。御飯《ごはん》、一膳《いちぜん》。日本酒二合《ごう》。

私が一日に食べたものである。

何を食べたか、書き残しておくのは、良いダイエットの方法だそうだ。書いているだけで、「ああ、こんなつまらないもの、食べてしまった……」と意識し反省《はんせい》する。お茶碗《ちゃわん》いっぱいの御飯が一六〇キロカロリーとか、目玉焼きが一個分で八五キロカロリーとか知っていたら、なお、意識し、簡単にダイエットができる。

代謝《たいしゃ》の問題やら、体質の問題やらもあるから一概《いちがい》には言えない部分もあるけれども、基本的には必要な量以上食べていたら、太るということだから。

実際、このように日々、真面目《まじめ》に食べたものを記録して、効果《こうか》覿面《てきめん》ですぐにダイエットができた。経験者談《だん》である。

まあ、本文中にもあれこれ書いているように、ときどき、仕事で海外など旅して回り、一回で、ああ、これは二千キロカロリーだ、三千キロカロリーだというため息をつくような食事に、日々、それも昼、夜と付き合わされ、食べたものは肉やら（特に）脂肪《しぼう》になるのだとため息とともに、これまた実感してもいるのだけど。その意味でも経験者談なのであるが。

ともあれ。そのような経験からも、食べたものが自分自身を作り上げている、維持《いじ》しているということを実感している。

いや、普段《ふだん》は「血となり、肉となる」とはいうものの、実感ではないかもしれない。ただ、《You are what you eat.》などといわれると、そうか、コンビニのジャンクなスナックであったり、ファストフードのハンバーガーやらポテトやらで、我《わ》が身を作りたくはない、血や肉にしたくはないわと思ったりしないだろうか。どうせなら、真《ま》っ当《とう》なものを、美味《おい》しいものを食べたいとも思う。

それと同時に、真っ当なもので、我が身を、血や肉を作りたいと思う。少なくとも、この本を書きながら、そんなことを考えていた。

この本の出発点は、すでに書いたとおりである。

生物学的には食べられるものを「食べてはいけない」「食べない」ということから、「人間が食べるということはどういうことなのか」を、改《あらた》めて考えてみたいということだった。食べないということから、食べるということはどういうことなのかと考えてみたいと思ったのだ。制限《せいげん》するものがあるからこそ、文化としての食が浮かび上がってくるのではないかと思ったのだ。

さて、意図《いと》したものは浮かび上がっただろうか。なるほど、と読者の皆さんに、思ってもらえただろうか。

それにくわえて、考えてほしいこと。

この本で示しているように、「食べる」「食べない」という、ごくごく身近《みぢか》なテーマから広がる世界があるように、食というテーマも、グルメとか食糧自給率《しょくりょうじきゅうりつ》とか、そのような問題ばかりではないということはお分かりいただけたと思う。

食だけでなく、他の身近な諸々《もろもろ》でも同じように見えてくるものがあるのではないか、ということだ。

特に若い読者に、そのような視点《してん》から、ものを見る、考えるということのヒントにしてもらえれば、著者としては嬉《うれ》しい。

さて、今夜は何を食べようと考えつつ。

森枝卓士

著者紹介
森枝卓士（もりえだ・たかし）
1955年熊本県水俣市生まれ。
国際基督教大学卒業後、フリーの写真家、ジャーナリストとして世界を駆けめぐる。特に食文化などの視点からの写真、レポートを新聞、雑誌に発表。調理にも足を踏み入れ、レシピ集なども執筆。主な著書に『旅、ときどき厨房』（ポプラ社）、『手で食べる？』(「たくさんのふしぎ」傑作集、福音館書店)、『どうして、お酒飲むの？』（「たくさんのふしぎ」シリーズ、福音館書店）、『日本一の朝ごはん』(日曜日の遊び方、雄鶏社)、『食べもの記』（福音館書店）、『味覚の探究』(中公文庫)、『世界のインスタント食品』(徳間文庫)、『世界お菓子紀行』(ちくま文庫)、『ヨーロッパ民族食図鑑』（ちくま文庫)、『カレーライスと日本人』(講談社現代新書)などがある。

katachi
地球のカタチ

食べてはいけない!

2007年11月21日第1刷発行
2009年8月15日第3刷発行

著　者©森　枝　卓　士
発行者　川　村　雅　之
印刷所　株式会社　理想社

発行所
101-0052東京都千代田区神田小川町3の24
電話03-3291-7811（営業部）,7821（編集部）
http://www.hakusuisha.co.jp
株式会社　白水社
乱丁・落丁本は送料小社負担にてお取り替えいたします.

振替 00190-5-33228
Printed in Japan　松岳社（株）青木製本所

ISBN978-4-560-03174-2